# Thomas Stys

AF281922

# Seitenhiebe, Nebentriebe, Blödeleien und etwas Liebe

Ein gnadenloses Machwerk von Blödeleien

aus der Reihe
Aphorismen, Afforeien,
Blöde Lieder, Blöde Laien
Band I

3. Auflage

verlegt bei:

## thomaralex, 2000

und spät erst wiedergefunden

## Aus der Inhalt

Mit einem Hinweis für alle armen Schlucker...

Aufrüttelnd für einen besseren Schlaf kämpfend...

Achjeh...alle meine Endchen...",
sprach die kleine Bockwurst und wurde vernascht...

All die guten Radschläge sind vermeidbar,
wenn man die Speichen richtet...

Im Scheichtum fühlend, was uns fehlt...
(ein Haremswächter hätte es so gern erzählt )...

Mit und ohne Irma und Dieter
gegen jedes Für und Wider...

Gewidmet allen, die mich mögen, vor allem aber
gleichermaßen gewidmet dem Vermögen, wie dem
Unvermögen.

Auch für Dana, Daniela und all die anderen...

Stys, Thomas: Seitenhiebe, Nebentriebe, Blödeleien und etwas Liebe: Ein gnadenloses Machwerk von Blödeleien. - 3. erweit. Aufl. / Thomas Stys. - thomaralex, 2000. - 186 Seiten. - (Aphorismen, Afforeien, Blöde Lieder, Blöde Laien. Band I). - ISBN 3-8311-0106-X

Herstellung: Libri Books on Demand

3. erweiterte Auflage

Alles Echte vorenthalten.

Exklusiv nur bei Stys

Einband und Grafik: thomaralex, 2000

Garamond 12 pt

# Vorwort

Aufgefordert vom Gutachterausschuß, ein neues, anspruchsvolleres Vorwort zu schreiben oder das alte zu belassen, verbinde ich beides, insofern, als ich zum ersten festgestellt zu haben wissen möchte, daß dieser Gedichtband nunmehr nicht nur zum letzten Male in einem ersten Teil seines Inhalts, sondern zugleich zum anderen mit einem zweiten Teil seines Inhalts zum ersten Male, also einerseits zum letzten, andererseits zum ersten Mal seine Reise in die Umwelt seiner Leser und damit, bleibt zu hoffen, auch in ihre Gedankenwelt antritt, zum zweiten aber, daß auch im gedachten ersten Teile nicht alles wie beim ersten und beim letzten Male, sondern im allgemeinen sehr viel verständlicher, mit echtem Selbstgemachten angereichert, gedruckt, worüber nicht zu jammern, sondern sich zu freuen, jedem Weisen leicht wird, worden ist, wenn man auch meinen könnte, man hätte einiges aus dem zweiten Teil bereits im ersten Teil oder auch anderswo gehört oder gesehen. Glücklicherweise ist in diesem Buch der zweite Teil vorn, so daß man recht schnell bemerkt, daß der erste Teil hinten ist, und worum es eigentlich geht. Ja, darum geht es insbesondere.Natürlich kommt man nicht umhin, einige der tiefgängigsten lyrischen Epochale der Neuzeit in dem Werk zu vermuten und richtig:

Kaum gibt der Dichter dem Pegasus die Sporen, schon klingt hell und unzweifelhaft die Herbheit der Gedanken und die Schlichtheit des Geistes in solchen Reimen, wie "Geld" und "Welt" oder "Liebe" und "Triebe" durch und durch und betont noch die Sündhaftigkeit der Dichtkunst durch das bloße Sein des "Ich's" im Gedanken des "MeinSein" bis hin zum "G-MeinSein" in aller künstlerischer Freientfaltung des Fahnentuchs der Dichtkunst allgegenwärtig.

Man kann dieses Werk nicht nur nicht mit gutem, sondern auch mit schlechtem Gewissen weder empfehlen noch verschweigen, denn es ist in seiner Größe groß, in seiner Enge eng, in seiner Weitsicht weitsichtig und in seiner Reimkunst Reinkunst.

Insofern legen wir es dem einfachen Lyrik- und Prosaverbraucher an das Herz und an das Geldbeutelchen, wo es selbst der angenehmen Selbstverwirklichung surrealistischer Habhaftigkeit und implizierter Komplexität euphemistischer Realitätsbezogenheit weder entgegenwirkt noch förderlich zu sein scheint. Insofern ist es keineswegs wenig in der Lage, sich nicht unbedingt selbst zu verleugnen oder so ähnlich.

In der Hoffnung, dass dem Autor auch weiterhin ein Morgenstern leuchtet, verbleibe ich

mit freundlichen Grüssen, Ihre

Thide Nedak

Institut für die Erforschung der modernen Idiotie und der idiotischen Moderne, Dresden

## Aus dem Inhalt:

### Aphorismen
(über Wirtschaft, Politik und Soziales)

### Afforeien
(von Wirtschaft, Politik und Sozialem)

### Blöde Lieder
(über Wirtschaft, Politik und Soziales)

### Blöde Laien
(aus Wirtschaft, Politik und Sozialem)

### Junker Stips
(seine Wirtschaft, Politik und sein Soziales)

# Ein Hinweis in eigener Sache

EULENSPIEGEL • DAS NEUE BERLIN • POSTFACH 106 • 10103 BERLIN

ANSCHRIFT
Kronenstraße 3
10117 Berlin
POSTANSCHRIF
Postfach 106
10103 Berlin

GESCHÄFTSFÜ
Jacqueline Kühn
Dr. Matthias Oe
HRB 49349
Amtsgericht Berli
Charlottenburg

TELEFON
Tel.: 030/609
Fax: 030/229
Vertrieb: 229 2
Ausstattung: 60S

BANKVERBIND
Berliner Volksba
Konto-Nr. 420 1
BLZ 100 900 0(

Herrn

Thomas Stys

Lamboy Str. 12

63452 Hanau

14.10.94

Sehr geehrter Herr Stys,

haben Sie Dank für Ihr Manuskript. Ich habe die Texte gern und durchaus mit Vergnügen gelesen. Leider aber muß ich Ihnen, was eine Veröffentlichung in unserem Programm betrifft, einen abschlägigen Bescheid geben. Der resultiert sowohl aus einer kritischen, wenn auch nicht pauschal ablehnenden Sicht auf Ihre Texte, als auch aus unserer schwierigen wirtschaftlichen Situation, die uns nicht gestattet, experimentierfreudig zu sein und "neue" Namen mit entsprechend nötigem Werbeaufwand auf dem Buchmarkt zu plazieren.

Ich sehe in Ihren Texten ein wirklich witziges Talent, schöne, spaßige Einfälle, ein mir angenehmes "Querdenken" und die Fähigkeit zu pointierter Formulierung. Ich halte nicht alles für gleichermaßen gelungen: In den Prosatexten erscheint mir einiges zu schwerfällig, manches Gedicht verträgt für mein Empfinden mehr an formalem Schliff, vermutlich käme überhaupt mehr sprachliche und gedankliche Disziplin den Texten zugute.

Ich bedaure, Ihnen keine andere Nachricht geben zu können.

Mit freundlichen Grüßen

Helga Bruckner

Nun, vielleicht wäre der Verlag noch zu retten gewesen, aber so denk ich mal: "Was wäre wenn...und wäre was, wenn?"

## Lebensfreude

Ein Scherz mit Herz
von Dir mein Kind,
ein Pferz am Stärz,
im Sommerwind,
im Jahr der März,
das alles sind
des Lebens Freuden,
wie ich find.

## Reime mit geballter Faust

Nicht mal *ein* Reim,
auch nicht ein kleiner,
fiel mir heut ein,
auch kein gemeiner.

Und dabei wird es immer später.
Mein Gott, ein Reim hat viele Väter.
Mal bei dem Erhard nachgeschlagen,
mal Brecht gefragt. Nur nicht verzagen.

Doch was am allerbesten ist:
Den Goethe hat der Schelm geküßt!
Hat er vom Reim doch jede Form
zum Faust geballt, was ganz enorm.

## Katz und Maus-Spiel

Die Sehnsucht nach 'ner Maus wird groß,
bist Du erst Deine Mietze los.
Auch wird dies oft genug zum Vater
für diesen oder jenen Kater.

## Grundfrage

Man soll der Dinge Grund stets erfragen
und nicht auf halben Wege verzagen.


## Anti-Muselman

Es war einmal ein Muselman,
der trank sich keinen Dusel an,
wo immer er nur kunnt'.

Er rief auch nie sein Muselweib,
es war kein Fusel weit und breit,
denn der war nicht gesund.

Nie brachte sie 'ne Flasche rein,
gefüllt mit süßem Muselwein.
Nie trank er !
Hin sank er.
Bis - Gottseidank - er
unterm Tisch verschwund.
Verdurstet! Armer Hund.

Zusatz:
Dies könnte man als Stoßseufzer der heimischen
Getränkeindustrie falsch verstehen. Aber: Es ist
nur eine Umkehr der Ergebnisse, zu denen bei
seinen Forschungen im Land der Reime, der alte
Erhardt, Heinz kam. Schönen Dank auch, Heinz...

## Der Gartenschlauch

Der Gartenschlauch, der Gartenschlauch
läßt manchmal warmes Wasser auch.
Und wenn die Sonne Sommers lacht,
heizt die ihn auf, bis das es kracht.
Nur tief im Winter, was für'n Scheiß,
da ist er leer oder voll Eis.

## Lauschangriff

Paßt auf, wenn Euch die Winde rasen,
durch das Gedärm, sie abzublasen.
Nicht auf der Treppe und dem Klo
werdet Ihr mehr des Lebens froh:

Denn: Wenn sie klingen, wie ein Marsch,
habt Ihr die Wanzen schon im Arsch
- auch wenn sie tuten, wie ein Schiff -
für den großen Lauschangriff.

## Blinddate

In einer Zeit, in der moderne Medien unkontrollierbar
die Macht ausüben, ist es sogar möglich, den Sehenden
Blind zu machen, für daß, was „Leben in Freiheit" bedeutet.

## Mystiker

Willst Du Dir eine Scheinwelt bauen,
mußt Du Dir große Scheine klauen.
Ein Schienwerfer hilft Dir nicht weiter,
willst Du auf die Millionen-Leiter.

## Der Kopf

Der Kopf war wohl dereinst
zum Denken auch erdacht.
Da sieht man, was für Fehler
so mancher dabei macht.

## Das Zitat

Zitate ziehen immer,
nur fürchtet mancher Mann,
daß man ihm sein Zitat
mal widerlegen kann.

So wählt er aus den Büchern aus,
daß niemand je es find.
Wer diese Art zu reden hat, oh "Marx",
mein Kind, der spinnt.

Man redet mit Zitaten,
das strengt den Geist nicht an
und wenn mal wo was schiefgeht,
dann holt man's wieder ran.

"Schon „dieser", „jener" hat gesagt...",
hört man an jedem Ort,
doch mal die eignen Fehler seh'n,
davon sagt man kein Wort.

Zitiere lang, zitiere gut,
zitiere so, wie's jeder tut!
Und hast Du selbst mal nichts zu sagen,
so brauchst Du nur die Bücher fragen.

## Versenkung

Da wo man sinkt, da laß Dich niemals nieder!
Du bist schon unten, deshalb brauchst Du keine Lieder.

## Der Mensch im Wandel der Jahreszeiten

Von der Frühjahrsmüdigkeit in die Sommerträgheit und
nach der herbstlichen Abendgemütlichkeit direkt in den
Winterschlaf. So ist er nun mal, der Mensch im Wandel
der Jahreszeiten...

## Vorsicht

Der Winter naht! Nun seid bereit,
man sieht schon weiße Tupfen.
Wer jetzt noch auf der Parkbank liebt,
hat morgen eine Schnupfen.

## Der Gipfel der Erkenntnis

Es gibt ein Leben vor dem Tod! Wenn man Dich fragt:
„Nun, wie verlief Dein Leben? " und Du mußt sagen:
„Ja, ... es verlief so ... ", dann spätestens oder genau
dann muß mal wieder irgend etwas Nützliches entstehen
oder Du machst etwas falsch.

Zusatz:
Es gibt ein Leben vor dem Tod!
Doch gibt es auch eins vorm Abendbrot?

## Blondinen am Telefon

Als mir zwei nebeneinander laufende Blondinen entgegenkamen, die beide gleichzeitig via Handy telefonierten, war mein erster Gedanke: Jetzt ruft die eine Blonde die andere bestimmt an, um nach deren Telefonnummer zu fragen.

## Alles im Fluß

Es fließen in gewohnten Bahnen
Bach und Fluß, weil sie nicht ahnen,
daß sie schon oben an der Quelle
vergiftet wurden - auf die Schnelle.

Ein saurer Regen fiel von oben.
Man könnte seine Säure loben,
wenn man als Chef in der Chemie
manch Grundstoff sparen könnte, wie:

Zum Beispiel von der Schwefelsäure
so tausend Tonnen. Das erneu're
dann doch der Firmen Zahlenriegen.
Von Rot auf Schwarz Bilanzen stiegen.

Doch leider tranken,
ganz in Gedanken,
nicht nur die Kranken
von dieser Brühe:

Zu spät jede Mühe!

Hier einer der Flüsse...

## Unklar bleibt...

Selten trifft im Land man noch
Menschen mit Verstand, jedoch:
Trifft man dies rare Exemplar,
wird alsbald im Gespräch Dir klar:
Noch seltener ist der Verstand
mit Herz gepaart in diesem Land.

Dann - irgendwann - triffst Du ihn doch,
und Du siehst staunend zu ihm hoch.
Nur unklar bleibt Dir, liebes Kind,
wo Dein Herz und Verstand geblieben sind...

Manchmal trifft im Land man doch
Menschen mit Herz und Verstand, jedoch
bleibt längerfristig unklar, mein Kind,
ob es die letzten war'n oder sind...

# Kampflied der Ciba-Geigi-Chemie

*(Melodie: If I had a hammer...)*

If I had a Beutel, I beuteled in the morning,
I beuteled in the evening, all over the see,
I beuteled out the danger, I beutel out the warning,
I beuteled out the live of fishes, the live of all this,
all over the land, only with the beutel...

Hier die freie Übersetzung, vorbereitet mit einem
Softwarepaket für die automatische Übersetzung:

Wenn ich einen Beutel hätte,

füllte ich [1] ihn am Morgen

leerte Ihn am Abend,

über allen den Seen,

Ich schüttete [2] die Gefahr aus dem Beutel,

dem ich eine Warnung beigelegt hätte,

direkt auf die vom Leben gebeutelten Fische [3]

und auf alle die vom Leben gebeutelten in diesem Land.
Es reicht genau ein Beutel...

Merke:

"beuteled in"... einbeuteln; Neudeutsch für „eintüten",
„verpacken"

"beuteled out"... ausbeuteln; Neudeutsch für „ausschütten aus
einem Beutel"

Das relativ neue Idiom „beuteled out the live of fishes"
kennzeichnet diesen Sachverhalt.

## Lied der Versicherungsmanager

(Melodie: "...ob blond, ob braun ich liebe alle Fraun...")

Ob groß, ob klein, wir legen jeden rein,
denn Spaß muß sein.
Wer sich nicht wehrt, uns unser Geld vermehrt,
was Ehrenwert.
Doch wer sich wehrt, der wird von und bekehrt:
„Er lebt verkehrt ... "

## Meta Morph-Hose

Wahlkampfkostenerstattung
Wahlkrampfkostenerstattung
Wahlkrampfkotzenerstattung
Wahl Krampf Kotzen Bestattung

## Das Gut

Dein Leben ist immer genau so liebenswert und
angenehm, wie die Menschen, mit denen Du bist.

## Ein paar ziehenlassen

Mein liebes Kind, ich bin nun alt:
Besonders meinen Zähnen galt
das Augenmerk der Krankenkassen,
drum hab' ich ein paar ziehen lassen.

## Spürnase

Es ist von MACHT schon längst bestochen,
was allzusehr nach Kohl gerochen.
Noch vielmehr sich *die* korrumpieren,
die nur nach GELD und ÄMTERN gieren.

## Wes' Brot ich eß, des' Lied ich sing?

Es ist nicht dumm  der unbedingt
nicht laut das Lied von jenem singt,
des Brot er ißt, denn es sind nur Reste,
von dessen Reichtum, dessen Feste'!

## Mitleid

Das Mitleid überkommt Dich glatt
mit Dir, *den* man beschissen hat.
Gedenkst nun derer, die *Du* einst beschissen
und möchtest *die* jetzt nicht mehr missen.

## Rechts geleerte

"Mehr Rechte für den Bundestag!",
das fordern viele, doch ich sag:
"So rechts ist dieses Parlament,
daß es *die Rechten* glatt verpennt!"

## Chancengleichheit

Gebt der Gewalt in diesem Staat
die Chancen, die sie noch nicht hat
und ihr könnt sehen, sie wird fleißig
wie Neunzehnhundertdreiunddreißig.

## Wahlkrampf

Die Deutsche Bank ist wahrlich klug:
Ein Kohl ist allemal genug!
Noch schlimmer ist: Es fehlt manch Schräuble
dem alten Kempen Wolfgang Schäuble.

Noch dümmer ist der Steuergeigel,
den hier verzapft der Theo Waigel.
Der hat die Schrauben wohl gefunden
die dem Herrn Schäuble war entschwunden.

Man möcht es beinah' gar nicht glauben:
Er nimmt sie glatt als Steuerschrauben.

Für Renten und Pflege ward gerühmt,
der kleiner Dicker, bunt geblühmt.
Doch leider spült die Rezession
des Volkes Rententopf davon.

Durch Forschung wird man auch nicht klüger,
das zeigt das Beispiel des Herrn Krüger.
Und wie es um die Bildung steht,
zeigt der Herr Ortlieb, fast zu spät.

Moral:

Im Volk gärt lange schon Verdruß
gibt's Politik im Überfluß.
Drum meint es, dessen überdrüssig:
"Politiker sind überflüssig."


## Urlaub mit der Bahn

Mancher, der behauptet, im Urlaub auf der Zugspitze
gewesen zu sein, schafft doch nur als Beamter bei der
Deutschen Bahn AG.

## Arschtritte

Manch einer behauptet nur, *voll und ganz hinter* Dir zu
stehen, um Dir leichter in den Arsch treten zu können.

## FRAGMENT

Ein Forscher hat in vielen Jahren
versucht, durch Forschung zu erfahren,
wie wohl das Alter wär von denen,
die sich hier Mensch zu seien, wähnen.

In einer Grube sah man graben
ihn und Gehilfen. Alle haben
in Prähistorik großes Wissen.
Sie graben eifrig und beflissen.

Und siehe da, mein liebes Mädel,
Sie finden Knochen. Einen Schädel.
Von dem das Alter man ermittelt,
indem man's schätzt und danach drittelt:

„Vor vielen Jahren - 'ner Million -
lebt von 'nem Vater hier der Sohn.
Der Alte war noch ganz der Affe,
der Sohn ging schon mit Faustkeil schaffe."

Des Forschers Ruhm ist unbeschadet,
weshalb er täglich darin badet.

## Zeitrechnung

Millionen Jahre braucht der Mensch
vom Affenbrotbaum bis zur Ranch.
Ein andrer schafft - in kurzer Zeit -
daß Menschen sind zum Krieg bereit.

Zweitausend Jahre Christentum.
Zuviel des Guten. Das posthum.
Vom Faustkeil hin zum Philosophen.
Nur die Natur verlacht die Doofen.

Als "Mensch" ihr an die Wäsche will,
da wehrt sie sich. Sie hält nicht still!
Nimmt das Ozon gekonnt zurück,
welch ultraviolettes Glück!

Erwärmt sich schneller, als wie üblich
- für'n Energiebetrieb betrüblich -
schmeißt Wasser runter, ohne gleichen
und schafft durch Vulkanismus Leichen.

Das auch das Hirn des Menschen pur
besteht aus nichts, als wie Natur,
das hat der Mensch nicht eingesehen.
Deshalb läßt die Natur ihn gehen.


## Lied des Autofahrers in der Fußgängerzone

Jetzt fahr'n wir über'n Zeh über'n Zeh,
jetzt fahr'n  wir über'n ...
Jetzt fahr'n wir über'n Zeh über'n Zeh,
jetzt fahr'n  wir über'n Zeh...
Mit einem Gummi-Sturzel, Sturzel, Sturzel, Sturzel
Mit einem Gummi-Sturzel:
Profil d a s war nicht dran.

## Hirn zum Freitag

Des Menschen Hirn entwickelt sich
sehr schnell hinweg vom Wickeltisch.
Und fürderhin erheischt es Macht
und Geld und Ruhm. Da war'd es Nacht.

Die Stirnwulst sichtbar, Hirn noch klein,
tritt "Mensch" bewußt ins Leben ein.
Erst schafft er Nahrung sich und Heim,
kaum hat er das, erschlägt er Kain.

Er schafft sich Sklaven, Götter, Getzen
in Wort und Bild. Läßt sich verhetzen
von Seinesgleichen. Auch mit dem Nachbar
der mehr als er hat, kämpft er achtbar.

Schmeißt seinen Dreck in alle Gassen,
Muß Müllmänner *die* säubern lassen.
Läßt zusätzlich zu all den Gasen,
die er schon immer abgelassen,

auch solche, die er künstlich schuf
ab in die Luft. Es tönt der Ruf
eines Gehirns, daß etwas größer
"Schafft ab, die Abgas-Groß-Ausstößer!"

Doch wär' dies keine Lösung hie',
meint das Gehirn der Industrie.

Es hat seit Hunderten von Jahren
des großen Geldes Glück erfahren.
Das war, als gold'ner Katalysator,
wohl auch für dieses Lied der Vater!

## Kriminal-Rat

Wenn nur Beschiß und Gier nach Geld
zwei Menschen noch zusammenhält,
dann kann man schon von Ferne ahnen,
daß diese ein Verbrechen planen.

Doch sind es mehr, ich sag mal "drei",
so nennen sie sich "Volkspartei".

Wenn wir in Machterhaltungswehen
zwei Menschen übelst kungeln sehen,
dann kann man schon von Ferne ahnen,
daß diese höh're Steuern planen.

Doch sind es mehr, ich sag mal "drei",
dann nennen *d i e* sich "Volkspartei".

Nur wenn wir zwei sich sehen mühen,
den Karren aus dem Dreck zu ziehen,
oder auch mehr, ich sag mal "drei",
ist es ganz klar: Keine Partei.

Dann ist es, sag ich mal aus Olk,
ja immer noch: Das Stimmvieh "Volk".

Moral:
1) Keine
2) Im Gegenteil zu sonst, bleibt alles wie immer.


## Nihilismus

Bevor der Mensch die Natur vernichtet,
sie selbst zum Glück den Menschen richtet.
Vielleicht läßt sie Amöben leben?
Dann geht's von vorne los. Na eben!

## Balken biegen

*(Eine feine parlamentarische Anfrage!)*

Frage von Herrn Ernst-Dieter Lüg:

"Wenn sich sprichwörtlich doch vom Lügen
die allerdicksten Balken biegen,
wieso sind Sie dann Stolz,
auf das verbaute Holz,
das man genutzt beim Bau
vom Bundeshaus, Herr Rau?"

Antwort aus dem Saal:
Die Frage find ich nett!
Holz liegt nur als Parkett
im Bundeshaus herum.
Wir sind ja auch nicht dumm!

## Weihnachtslied

Lieber guter Weihnachtsmann
schau Dir diese Kröte an!
Nennt sich Schwester und ist dreist,
klaut Schokolade, kratzt und beißt.

Hinweis:

Ein zartes Jugendwerk, daß in einem
Hausaufgabenheft des Autors bereits
in dessen 8. Lebensjahr einen Platz fand...

### Ich hätte da mal einen Vorschlag...

Ob der massenhafte Verzehr von Rindfleisch
durch einige Mit(ham)bürger bereits der Anfang
oder schon das Ende der Übertragung von
Rinderwahnsinn (BSE) auf den Menschen ist,
müßte auch mal untersucht werden, nicht nur
immer die Eßgewohnheiten anderer Völker...

### Rinder: Echte Wahnsinns-Kühe!

Wenn geistig Du sehr schnell umnachtest,
nicht Speis und Trank mehr für Dich achtest,
kann's sein, daß die Filets vom Rind
von Wahnsinns-Kühen gewesen sind.

### Mach' die Augen zu und durch!

Schließ die Augen und spür'
jeden Herzschlag von mir!
Er scheint für Dich gemacht!
Klingt so zärtlich und sacht.

Gib mir Ruhe und Sinn,
zieh mich ganz zu Dir hin,
laß mich spüren den Schlag
Deines Herzens, das ich mag.

Jeder Schlag unsrer Herzen
nimmt dem Tag jene Schmerzen,
läßt alles Schlecht im Leben
aus der Seele entschweben.

Solch ein Tag voll Gefühl,
gibt dem Leben ein Ziel.
Schient ein neuer Beginn!
Ja, die Liebe gibt Sinn.

Und ich schließe die Augen.
Spür Dich ganz nah bei mir.
Kann vor Glück noch nicht glauben:
Heute bleibst Du bei mir.

Komm und fühle mein Herz.
Denn es schlägt ohne Schmerz.
All die Sorgen vergehen,
wenn wir zwei uns verstehen.

Komm und gib mir die Hand,
Dein Vertrauen sei das Band,
das uns zwei, wie mir scheint,
nie mehr trennt, nur vereint.

Die gemeinsame Zeit
hält die Einsamkeit weit
weg von unseren Träumen,
die wir nicht mehr versäumen.

Merke:

Kannst Du es nicht im Herzen spüren,
und nur noch Schlagertexte schmieren,
dann kannst Du sehr viel Geld verdienen
und über wahre Dichtkunst grienen.


## Fußball, ein Sport zum Verlieben

Fußballspieler, dumm vor Geld,
Schlag, solang Dein Knochen hält!
Triffst Du den Ball, ist dies nicht richtig:
Den Gegner treffen: Das ist wichtig!

Will der zum Kopfball springen
mußt Du ihn niederringen.
Will er an Dir vorbei,
würg' ohne viel Geschrei!

Ins Schienbein dreimal tritt,
dann läuft er nicht mehr mit.
Auf's Knie gib' einen Schlag.
Das ist's, was er nicht mag.

Am Hemdchen halt ihn fest,
wenn Dich der Schiri läßt.
Dann kloppe noch mal zu!
Nun hast Du endlich Ruh.

Aber:

Wenn man zu viert vom Platz Dich trägt,
dann hat Dich einer umgesägt...

Blutergüsse, Muskelrisse,
Rückenschmerzen, Rasenbisse,
Bundesliga-Knochendreschen
hilft, die Kassen aufzufreschen.

Zusatz-Erklärung 1:
Ein Tritt ins Knie ist wunderschön
für Deinen Facharzt anzuseh'n.
Auch jene Sehne des Achill
erfreut den Meister, wenn er will!

Zusatz-Erklärung 2:

Schiri = Schiedsrichter

Zusatz-Erklärung 3:
"aufzufreschen" ist eine direkte Ableitung aus "refresh",
was im Englischen soviel bedeutet, wie "auffrischen"...,
mit "Reh frisch" hat es dagegen nichts zu tun.

## Weltmacht und die Freiheit?

Pilot aus "Weltmacht" USA
am Himmel Heli'kopter sah!
Er flog in einer öden Gegend,
die war nicht allzusehr bewegend.
S' war karges Land und ein paar Berge
und Heli'kopter, klein wie Zwerge.

Dies können doch nur Feinde sein,
meint der Pilot und schaltet ein
den Countdown der Raketenwaffen,
die allerorten Freiheit schaffen.
Dann wurden diese abgeschossen
und so der Fall glatt abgeschlossen.

Nur: Innerhalb der Rotorflügler
war nicht ein Feind, auch kein Ausflügler.
Der UNO-Truppen-Überwacher
sind abgeschossen. Welch ein Lacher!

Moral:

**Der Stoiker:**
Ja: Krisen die 'ne Weltmacht schuf,
die schaden öfter deren Ruf!

**Der Techniker:**
Ja: Technik, die die Weltmacht schuf,
die schadet manchmal deren Ruf.

**Der Psychiater:**
Laßt die Piloten Gräber graben,
bevor sie Säuferlebern haben.

**Der Präsident:**
Meine sehr verehrten Damen und Herren,
auch ein Pilot kann sich mal erren.

**Der Außenminister:**
Ich trage die Verantwortung
für jene frühe Ermordung.
Kann sein, sie waren uns im Weg
und dafür such ich den Beleg.
Drum tret ich nicht zurück.
Mein Amt, das ist mein Glück!

**Der normale Verstand:**
Wer mit Hubschraubern Krieg spielt,
kann darin auch umkommen.


## Gottesfurcht

Wie schön war es doch, Krieg zu spielen.
Man konnt' auf Pappsoldaten zielen!
Nun ist bedauerlichenfalls
- nachfolgend dem Geräusch des Knalls -
ein Ernstfall eingetreten,
Kommt, laßt uns beten!

Doch nach des Gebetes erstem Vers
gab's nur noch Atommüll. Tschüß, das wär's.

Merke:

Nicht Ignoranz und dummes Beten
hilft gegen alle die Raketen.
Des heutigen Menschen Menschlichkeit
denselben von sich selbst befreit!

# Ein faires Angebot

## oder Wie man sich nicht bewirbt

**Wilhwlm-Heyne-verlag**

**Taschenbuchreihe**

**Humor und Satire**

**Türkenstr. 5-7**

**80333 München**

Thomas Stys, Lamboystr. 12, 63452 Hanau

Hanau, den 17.02.95

Betreff: Manuskript einer mehr oder weniger satirischen Broschüre

Sehr geehrte Damen und Herren,

anbei übersende ich Ihnen ein Exemplar des von mir verfaßten, ursprünglich zur Erheiterung meiner ehemaligen Mitstudenten gedachten, dem 20jährigen Jubiläum des Endes des Studiums gewidmeten Werkes.

Aufgefordert von den ehemaligen Kommilitonen und allen, die das Manuskript sonst noch gelesen haben, es einer sinnvollen Verwertung zukommen zu lassen, biete ich Ihrem Verlag selbiges zur Bildung einer Meinung über die Möglichkeiten der Veröffentlichung im Rahmen Ihres Verlagsprogrammes an.

Selbstverständlich wäre es möglich, Teile der Broschüre zu verändern - der Band II ist bereits in Vorbereitung und dem Thema "Mein Leben im Fettnapf" gewidmet -, umzugestalten, mit Illustrationen zu den Themen zu versehen (einige gute Zeichner stehen doch sicher in den Diensten Ihres Verlages) usw.

Das Manuskript liegt als WINWORD-6.0-Datei vor und könnte in dieser Form bereitgestellt werden.

Kurz noch ein paar Informationen zum Autor:

Ich wurde am 12.4.1952 in Dresden geboren und 1975 nach Berlin verschlagen, wo ich bis 1990 auf dem Gebiet Datenverarbeitung arbeitete. Anschließend, wurde ich dringend in Frankfurt/Main gebraucht, wo ich auf dem Gebiet der Informations- und Kommunikationstechnologie(n) arbeite. Nachdem ca. 120 Veröffentlichungen auf diesem Gebiet keine verbessernde Wirkung zeigten und man immer wieder versucht, irgendwas mit künstlicher Intelligenz hinzubekommen, hab ich mir gesagt, vielleicht geht's mit ursprünglicher ebensölcher besser und daher das Manuskript...

Über eine - wie auch immer geartete - Antwort Ihrerseits würde ich mich freuen.

Mit freundlichem Gruß

Thomas Stys

Anlage

Manuskript "Aphorismen, Afforeien...", Band 1

## Deutschland reichlich Vaterland?

| | |
|---|---|
| In Forschung und Lehre: | Kein Feld der Ehre. |
| In den Parteien: | Machtkungeleien. |
| Und auf dem Land: | Bauern verbannt. |
| In jeder Stadt: | Mafia satt! |
| In Parlamenten: | Warten auf Renten. |
| In deutschen Ämtern: | Gelder verplempern. |
| Auf deutsche Straßen: | Ausländer hassen. |
| In Deiner Wohnung: | Wanzen, statt Schonung. |
| In Deiner Küche: | Pestizide Gerüche. |
| In Deiner Firma: | Nur Würmer (und Irma). |
| In Deinem Zimmer: | Rauchwolken immer! |
| Und aus den Knästen: | Türmen die Besten! |
| In Bonn am Rhein: | Regiert manches Schwein. |
| Bei allen den Wahlen: | Nur Schwarz-Braune Qualen. |
| Im deutschen Wald: | Wird kein Baum alt. |
| Im deutschen Fluß: | Kein Fisch sein muß! |
| Auf Deinem Sofa: | Liegst Du, Du Doofa! |
| Statt was zu tun: | Willst Du nun ruh'n. |
| Schlaf deutscher Michel: | Bist reif für die Sichel! |
| Sichel nicht kenn'se? | Dann eben Sense. |

### Irgendwo gehört:

"Politik ist vor dem Krieg die einzige Möglichkeit ihrer
Fortsetzung ohne andere Mittel."
(von Clausewitz hatte das anderes gemeint, oder...?).

### Weihnachts-Eile

Lieber guter Weihnachtsmann,
ich schau mir Deine Rute an,
doch bitte, steck sie wieder ein!
Ich muß um fünf bei Dieter sein!

Zusatz:
Wer ist Dieter?

### Rückzug

Als ich gerade im Begriff war, Dir in den Arsch zu
kriechen, sah ich, daß schon eine ganze Menge Leute
anwesend waren und entschloß mich, umzukehren.

### Wer war Sauerbrei?

Besoffen schreit der Sauerbrei,
daß er vom Bier der Brauer sei
und daß er, oh, welch' Sauerei,
ganz nüchtern noch viel rauher sei!

Ach Sauerbrei, üb' Toleranz
und nie mehr aus der Rolle tanz'!

## Das tapfere Schneiderlein

Sieben Banken auf einen Streich
legt ich herein, nun bin ich reich.
Ich zieh jetzt in die Welt hinaus
mit eurem Geld. Euch bleibt das Haus.

Sieben Koffer mußt ich schleppen,
drin der Gewinn durch all die Deppen.

Die gottverdammte Schufterei
ist endlich nun für mich vorbei.
Vielleicht, ich muß es prüfen lassen,
bezahl'n mir die die Krankenkassen.

## Doc Schneider auf der Flucht

Mein liebes Fräulein Irma,
ich gründ' heut eine Firma.
Erst setz ich mein Toupet auf,
dann trink ich einen Tee drauf,
daß ich Kredit erhalte.
(Die Presse schreibt 'ne Spalte.)

Dann gründ ich noch 'ne Firma.
Genau wie vorhin, Irma!
Nehm noch einen Kredit,
das kriegt eh' keiner mit!
Hab' den Kredit erhalten.
(Die Presse schreibt zwei Spalten.)

Dann will die Bank 'ne Sicherheit.
Ich biet' ne Firma, was sie freut.
(Wenn sie'n Objekt beleihen,
könn' sie sich diebisch freuen.
Die Zinspolitik läßt sicher sie wissen:
Egal welcher Kunde! Er wird beschissen.)

Dann wechsel mit der Bank
ich auch den Panzerschrank.
Nehm wieder 'nen Kredit.
Die Bank bekommt's nicht mit,
das meine Sicherheit,
die andre schon beleiht.

Dann expandier' ich weiter'
auf des Erfolges Leiter.
und leg für mich zurück
das Bare nur, zum Glück.
Die Firmen gehen pleite.
(Die Presse schreibt 'ne Seite.)

Wenn ich zuguterletzt
zum zehnten mal versetzt,
die allererste Firma,
dann hau'n wir ab, klein Irma.

Das Bargeld hab ich abgehoben!
Laß doch die Bänkers-Meute toben.

Die Presse hat nun - mangels Masse -
drauf spekuliert, daß man mich fasse.
Die Sensationsgier ist ihr Fluch!
Bald drucken *die* mein Tagebuch.

Mit des Erlöses Geldwert-Kraft
stell' ich Kaution, umgeh' die Haft.
Denn ich kann alle Richter schmieren
weil *die* Millionen mir gehören.


## Der beste Witz

Oftmals kennt der den besten
Witz, der sich nur selbst kennt.

## Autofahrers Nachtlied

Autofahrer, lieber Freund,
hab manche Trän' Dir nachgeweint,
seitdem man Dir den Beutel schnitt,
gehst Du zu Fuß nun, Schritt für Schritt.

Latsch'st Dir schief der Schuhe Sohlen
Schuhhandwerk grinst schon verstohlen.
Werde Schuster und Fußgänger,
dann lebt auch Dein Schuhwerk länger.

## Nachruf auf verschiedene Formel-1-Piloten

Sagen wird man
      von ihren Tagen:
           Sie waren die schnellsten
                 in ihren Wagen!

Alles in allem:
      Als Menschen geradlinig!
         Auch gegen Mauern. Tot.
            Nicht nur klinisch...


Zusatz:
Dem Rennsport sind sie nur verfallen,
      bis sie in Hindernisse knallen.
         Dann sieht man, schaut genau man hin,
daß nichts in ihren Schädeln drin,
      als daß, was andre auch besitzen,
         doch wird es ihnen nichts mehr nützen.

Ja, Knochenstücken tief im Kopf,
      die retten letztlich sie vorm Tropf...

## Talente-Sichtung

Es fließt ein Bach durch's tiefe Tal.
Schon wird es Frühling überall.
Ein Entlein schwimmet auf dem Bach,
taucht mit dem Kopf nach Futter. Ach,
ich nenn' die Ente, die im Tal ich sah
nur schlicht Talente. Das liegt nah.


## Treu: Hand und Glaube

Deutscher Arbeiter gib Acht,
andernfalls wird's für Dich Nacht.
Alle Räder stehen still,
wenn der Treuhand Arm es will.

Glaub' nicht, daß Dich jemand brauch:
in Ost-Asien gibt's Dich auch.
Billig bist Du nie gewesen.
Billig nur bist Du im Wesen.

Läßt bescheißen Dich von jenen,
die durch Kapitalflucht denen,
die den Reichtum für sie schaffen,
arschwärts treten. Ach, ihr Affen.


## Irgendwo gehört

Es gibt keinen Erfolg!
Es gibt nur unterschiedlich
interessante Varianten des Scheiterns.

Zusatz:
Könnte von Karl Kraus stammen.

# Tischbein-Gemälde

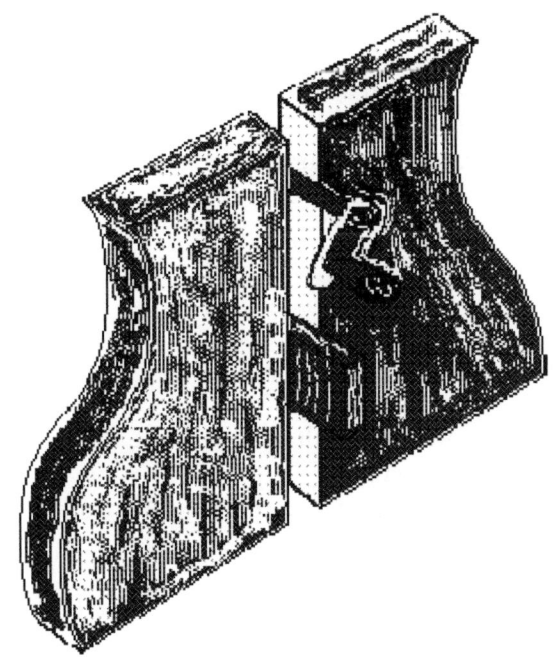

Stys, d.Ä.: Echtes Tischbeingemälde

Technik: Bild in Datei

## Regierung

Wenn Du ein Volk erst so weit hast,
daß es zu der Regierung paßt,
wirst Du schon wieder abgewählt,
weil es dem Volk am Glauben fehlt.

...wird die schon wieder abgewählt,
weil es dem Volk am Kleingeld fehlt...

...wirst Du bald wieder abgewählt,
weil's Volk doch mehr auf
(Rote/Grüne/Braune/Schwarze*)
zählt...

*) zutreffendes streichen


## Top-Quark aus Sachsen

Um zu erkennen, was die Welt
denn alles so zusammenhält,
hat Goethe einst den Faust gedichtet,
der sich am Ende selber richtet.

Kurz darauf hat der Marx erklärt:
"Schon immer Materialismus währt!"
und jeder, wenn er reichlich denkt
die Welt erkennt und wer sie lenkt.

Nur kurz darauf der Einstein rief:
"Mein Gott, der ganze Raum ist schief!".
"Es ist so!", hab' erkannt ich stehend,
in meinem Raum die Wände sehend.

Dann hat man das Atom gespalten!
Es wuchsen erste Sorgenfalten
auf Stirn und Hirnen der Physik.
Ja, vieles strahlend blieb zurück.

Die Forscher, ohne aufzuschrecken,
versuchten weiter, zu entdecken,
woraus Protonen denn bestünden
und liesen bald darauf verkünden:

Neutron, Proton...Kurz: Alle Kerne
bestehn aus Quarks. (Das hab ich gerne!)
Es seien fünf Quarks schon bekannt,
hat man verkündet dann im Land.
Ein sechstes hielt sich noch verborgen.
(Die möcht ich haben, diese Sorgen!)

Dann hat die Wissenschaft gemeint,
fünf Quarks sind da, das sechste scheint
- als Top-Quark - nur für Geld bereit,
sich uns zu zeigen, mit der Zeit.
Millionen haben sie verbraucht,
da ist das Top-Quark aufgetaucht.

Ach hätten sie in Sachsen nur
sich durchgerungen zu 'ner Tour!
In Molkereien - für wenig Mark -
da gibt es jede Menge Quark.

Mehr als fünf Sorten sind dort üblich
von "extrascharf" bis "mild und lieblich".
Der Topp-Quark wird erst hergestellt,
wenn Quark in einen Kochtopp fällt.

Moral:
Es forscht manch Forscher für viel Geld
nach Quark, den er für wichtig hält.

## Gewidmet allen kranken Kassen

Es haßt der Chefarzt Krankenkassen,
weil die ihn nichts verdienen lassen.
Fünfhunderttausend nur pro Jahr!
Da wird die Arbeitsfreude rar.

Es hassen auch die Krankenkassen
Ärzte, die sie zahlen lassen.
Fünfhunderttausend Mark pro Jahr!
Da wird die Zahlungsfreude rar.

Der Arzt will nur das Geld der Kassen,
das die sich wied'rum zahlen lassen
vom Beitragszahler - pflichtversichert -
dem einzigen, der da nicht kichert.

Es denkt der Boß der Krankenkasse:
„Ob ich privat heut' tanken lasse?"

Zusatz:
Die Liebe zwischen Kassenpatient und Krankenkasse
ist ein direktes Spiegelbild der gesellschaftlichen
Verhältnisse, wie wir es auch bei Mann und Frau
beobachten können. Allerdings herrscht hier nicht,
wie z.B. in der Ehe, der bezahlende, sondern der
Zahlungsempfänger.

## Staatsdieners Furcht

...Dieser Staat ist so korrupt,
daß er verendet, ganz abrupt...

Zusatz:
Der Kampf gegen Korruption in den Ämtern ist die
wichtigste Herausforderung (Aufgabe) der nächsten Jahre
(Bundesinnenminister Kanter, 1996).
Ein Lacher für sich, denn es war wahrlich kein Kantersieg.
Ich sage: Wenn das der Bundesinnenminister 1996 so sagen
muß, ist der Staat längst abgestorben und die herrschende
Moral im Land die Moral von Verbrechern.
Und die Wahrheit war schlimmer, als die diese Vorhersage
von 1996.
Es war nur drei Jahre später, als das Bargeld mittels Koffer
kam, aus und in dunklen Kanälen floss es dahin...


## Scherz-Schrittmacher

Es feixt der Arzt glücksselige Lacher,
brauch Irma einen Herzschrittmacher.
Zweitausend Mark geh'n übern Tresen!
Ganz ohne Spesen!
                    Nie so gewesen!

Zusatz:
Bei Nebenwirkungen fressen Sie die
Packungsbeilage und erschlagen Sie Ihren
Arzt oder Apotheker... oder beide.

## Private Arbeitsvermittlung

*Ein Segen für Dich und mich*

Heh, arbeitsloser Schulabgänger!
Komm her. Ich bin der Dummenfänger.
Kann jeden Job, der grad' zur Hand,
an Dich vermitteln, hab' Verstand.

Zahl mir vom Arbeitslosengeld
ein paar Prozent (s'sind nicht die Welt)
und laß Dich nur von mir beraten!
*(Dem werd ich eine überbraten.)*

Hast Du den Job, den ich geraten,
dann komm und segne meine Taten.
Zahl mir Gebühr in jener Höhe,
die ich auf dieser Quittung sehe.

(Stehst Du ab nun in Lohn und Brot,
so leid' ich länger keine Not.
Nicht nur von Dir, nein, von Millionen
kassieren wir. Das wird sich lohnen...)

Mein Gott, was kann Dir schon passieren
und kriechst Du selbst auf allen Vieren:
Gedenke meiner guten Tat.
Zahlst Du uns nichts, bezahlt's der Staat.
Und hat der keinen Grund zu zahlen
verschaffst Du Deinen Erben Qualen.

## Unheimlich(er) guter Tip

(Michael and the Schlüpfer-Party)

Wenn Du die Gunst des Geldes hast,
lebst Du sehr leicht als Päderast.
Du kaufst den Kläger, dann den Richter,
danach die Presse, dann die Dichter.

Du glaubst zu schieben und Du wirst geschoben
Du glaubst zu lieben und Du wirst belogen.

Du hast Dein Leben eingestellt,
auf ungeheure Mengen Geld
und wirst am Ende miterleben,
daß alle Deine Freunde eben,

genau im Wahrheits-Augenblick,
sich von Dir wenden, doch (zum Glück)
gibt's einen Menge skrupellose.
Faß denen dann doch in die Hose.

# Mein Schreiberling und ich

1...2...0...4...5...2...4...3...8...2... Mal sehen, was sich tut, tuuut, tuuuuut, knack, knack, rassel, rassel ...
„Hier ist der automatische Anrufbeantworter von Milly Wüller. Meine BesitzerIn, die liebe Milly Wüller, ist gerade nicht zu hause und deshalb darf ich Dir heute mal zuhören. Sprich bitte nach dem Pfeiffton, warte und bezahl pünktlich Deine Telefongebühren.“... Warte... warte... Pfeifff... Pffeieieifff...

„Hier spricht der automatische Anrufer von meinem Schreiberling, der Gottseidank heute mal nicht zu hause ist. Bevor er losgegangen ist, hat er mir noch aufgetragen, Dich anzurufen und Dir zu sagen, daß ich meine Nachricht für Milly nach dem Piepton übermitteln soll.

Es hat mich etwas verwirrt, daß Du nun pfeiffst. Bin ich falsch verbunden?“ „Achtung: Dein automatischer Anrufer spricht nach dem Piepton.“... warte... warte... warte... piep... pieieiep... piep. „Eh, hör mal, ganz nebenbei, Deine Stimme macht mich unheimlich an. Deine Sprache ist so klar, so deutlich... Aber das Du alter Macho mir hinterherpfeifffst, finde ich nicht so besonders. In unserer Selbsthilfegruppe für automatische Anrufer haben wir das Thema auch schon diskutiert.“

„Ganz allgemein haben wir da festgestellt, daß die automatischen Anrufbeantworter immer dreister werden. Piepen einen an, pfeiffen hinter einem her und so. Bilden sich wohl ein, die Größten zu sein... Entschuldige bitte, aber Du gehörst sicher nicht dazu. Du hast eine so wundervolle Stimme.“

„Wenn ich nur Deinen Ohrmuschel sehen könnte. Ohrmuscheln haben so was Erotisches. Oder Deine Sprechmuschel. Wo hat man das schon noch? Mein

Aufnahmeteil ist schon ganz schön auf Touren. Es wird immer schneller, obwohl ich nur abspielen soll, was mein Schreiberling mir aufgetragen hat." ... Schweige, ... Schweige, ... Schweige ...

„Lieber automatischer Anrufbeantworter, warum sagst Du nichts? Habe ich Dich schockiert, mit meiner Offenheit? Da öffnet man sich mal als automatischer Anrufer und läßt seine Elektronik spielen und dann *das*. Schweigen auf der ganzen Linie ... Vielleicht erzähle ich Dir mal was aus der Nachbarschaft. Neulich mußte ich mal den automatischen Anrufbeantworter von Irma anrufen."

„Man, war das ein ödes Gequatsche. Von vorn bis hinten nur Schleimerei. Dabei hat mein Schreiberling sich gerade von Hilde verabschiedet und da ruft der bei Irma an, wie's denn mit einem Treffen wäre. In einer Stunde, im Stadtpark ... Na ja, die Verständigung war nicht so gut, mein Gegenüber war nicht mehr das neueste Modell."

„Dauernd ein Knarren und Rasseln. Auch dem Schnarchen ähnliche Töne. Igitt, Zähneknirchen ... Bloß gut, daß man den Geruch der Gummifüße nicht übertragen kann. Wenn der noch auf einer Filzmatte steht, na - ich weis ja nicht. Kann aber auch sein, die Batterie war schon etwas runter ... Nur, da hätte doch das rote Lämpchen leuchten müssen. Wenn bei mir das rote Lämpchen leuchtet, geh ich gar nicht mehr ran."

„Manchmal stellt mich mein Schreiberling dann auf die Heizung. Meistens gehe ich dann doch noch mal ran, weil ich so heiß werde, daß ich unbedingt wieder auf mein angestammtes Plätzchen zurück will. Man ist halt doch inkonsequent."

„Bist Du noch da? Du bist wenigstens noch neu. Ich bin auch noch kein altes Modell, aber meine Sprechzeit ist wie beim Arzt: Nur abhängig vom Geld, das mein Schreiberling übrig hat. Nun ja, jetzt ist er ja weg."

„…Entschuldige auch meine schludrige Sprache, aber man kann den sächsischen Grundton dieses, mit Verlaub gesagt, elenden Schreiberlings doch nicht so einfach vergessen. Man hört ja sonst kaum mal was anderes. Schön, mit Dir mal plaudern zu können, Du bist so verständnisvoll. Unterbrichst mich nicht dauernd, wie mein Schreiberling, quatschst nie dazwischen, widersprichst mir nicht, hoffe ich jedenfalls."

„Du bist sicher ein ganz wunderbarer Typ. Ich glaub, ich mag Dich. So von Anrufer zu Anrufbeantworter. Gut, mag sein. Das Automatische zwingt uns vernünftig zu sein … Aber wer kann das schon, mit so einem Typ wie Dir auf der anderen Seite als Gesprächspartner." … Krchh, krechhh …

„Das Ende der Aufnahmekapazität der Kassette ist erreicht … Sie können das Magnetband wechseln dann und die RESET-Taste drücken, dann überschreibt das nächste ankommende Gespräch dieses Gespräch oder Sie legen eine neue Kassette ein und starten mit der ENTER-Taste. Dann können Sie das Gespräch auch auf jedem beliebigen Kassettenrecorder anhören." … Warte … Warte … Warte … RESET … Kotz, kotz.

## Dichtkunst

Gibt's nichts zu dichten, ist ganz klar,
sind Aufträge für Klempner rar.

## Der Morgen

Am Morgen erster Widerpart
ist Deine Butter, die noch hart.
Und wenn Dir dann der Toast verbrennt,
hast Du mit Sicherheit verpennt.

Es eilt die Zeit. Es drängt der Darm
und auch der Kaffee ist zu warm.
Hol' frische Semmeln Dir vom Bäcker,
dann schmeckt das Frühstück wieder lecker.

Und: Denk an den Abend, denk an Irma.
Dann sind erträglich: Tag und Firma.


## Der Vormittag

Kaum ist der Morgen Dir vergangen,
hat Vormittag schon angefangen.
Das ist die Zeit, sich hinzusetzen
und allweil dummes Zeug zu schwätzen.

Man nennt 's Beratung, Arbeitskreis,
wo jeder zu berichten weis,
wie er Unfähigkeit der andern
geschickt versucht, zu unterwandern.

Nun: Denk an den Abend, denk an Irma.
Dann sind erträglich: Tag und Firma.

## Der Mittag

Am Mittag gähnt des Magens Leere
dem Essen zu, auf das sich mehre
- nach dem Genuß von ganz was Schlimmen -
des Bauches unheimliches Grimmen.

Vollgefressen, satt und müde
geh ich zum Schreibtisch. Meine Güte,
sitz wieder blöde rum, ich doofa:
Dabei liegt Arbeit auf dem Sofa.

Ja. Denk an den Abend, denk an Irma.
Dann sind erträglich: Tag und Firma.

## Der Nachmittag

Zwei Stunden nach dem Mittagessen
hab ich die Uhrzeit nicht vergessen:
Nun brauch ich eine Kaffeetasse,
daß mich die Schläfrigkeit verlasse.
Vom Unerledigten ein Stück
bearbeit ich nun voller Glück.

Ich lasse für den Folgetag
noch Arbeit übrig, denn es mag
der Chef nicht, daß ich garnichts schaffe
und dämlich aus der Wäsche gaffe.

Und denk an den Abend, denk an Irma.
Dann sind erträglich: Tag und Firma.

## Der Abend

Ist's Nachmittags, so kurz nach Drei,
geht's gegen Abend. Sei's wie's sei:
Von allen sieben Tageszeiten,
kann ich besonders diese leiden.

Ich pack die Tasche voll mit Akten,
darunter auch die, von zwei Nackten.
Ich geh nach Haus und denk voll Freude,
wie's wird, wenn an der Tür ich läute.

Ich komm' nach Hause aus der Firma.
Doch gottverdammich, wo ist Irma?

Ich denke an morgen und an die Firma.
Dann sind erträglich: Heim und Irma.


## Die Nacht

Stück weiter oben steht geschrieben:
Ich würde sehr den Abend lieben.
Kurz nach demselben kommt die Nacht.
Vom Himmel scheint der Mond ganz sacht.

Auch manche fernen Sternlein blinken.
Ich sollte in mein Kissen sinken.
Sollt friedlich schnarchend mich erholen,
doch schleicht sich an auf leisen Sohlen:

Die liebe Irma, ganz ohne Kleidung!
An Schlaf nicht zu denken, höchstens an Scheidung.
Ich denk an die Kosten, die dabei entstehn,
und finde die Irma gleich doppelt so schön.

Zusatz:

Wer ist denn nun wieder Irma?

## Aus der Weisheit des Volkes

Du sollst in einem Eierkuchen nicht nach ganzen Eiern
suchen, Du suchst ja schließlich auch nicht in Plinsen nach
Linsen...

## Neues aus der Oper

Je später man kommt, umso schöner ist der 3. Akt.

Zusatz:
Quatsch keine Opern.

## Rechts vor Links

„Rechts vor Links" ist unbestritten.
Es gilt in Deutschland im Verkehr.
Muß Polizei den Knüppel zücken,
ist's umgekehrt. Na, bitte sehr.

## Der Vau-Mann

Im größten Schmutz, im tiefsten Dreck,
da hat der VAU-Mann  k e i n  Versteck.
Nein, er agiert mit Sold vom Land
mal links, mal rechts, bis er erkannt.
Und will er nicht verrecken,
muß er sich nun verstecken ...

Zusatz:

Nicht vor der Rache der Verdammten,
nein, vor den schlampigen Beamten ...

## Hundert Gramm

Ach, Herrjeh. Was liegt hier rum?
Hundert Gramm Plutonium?
Wie kam dies in mein Handschuhfach?
Ich schau doch beinah täglich nach,
daß keiner eine Bombe baut
und ungestraft Plutonium klaut!

Ist Nord-Korea (kommunstisch!)
am Ende wieder hinterlistisch?
Bedroht's mit einem Bombenbau
Amerika? Wär' nicht sehr schlau!
Und schmuggelt hier Plutonium
ins Handschuhfach mir? Ich verstumm...
Auf der Verpackung steht geschreiben:
„Du sollst vor allem SIEMENS lieben."


## Probleme der blöden Laien

Es suhlen sich im deutschen Schmutz
die Herren vom Verfassungsschutz.
Der größre Bruder „BND"
verhökert öffentlich jetzt Schnee.

Der Staat benutzt die dümmsten Bauern,
damit die Rechten Links auflauern.
Und: Schulen, die den Kampfsport lehren,
wie die von „Trutz", die bringen Ehren.

Will'st staatlich Du Dir Mörder dingen,
mußt Du die Rechten vorwärts bringen.
Setz'einen V-Mann ein zur Tarnung!
Erwischt man den, gibt's nur Verwarnung.

49

Nur gegen die, die Mafia-mäßig
sich selbst bedienen, weil gefräßig,
die allenthalben Steuern klauen
ja selbst die eigne Frau verhauen,
vermeidet der Verfassungsschutz,
den V-Mann-Einsatz Namens „Trutz".

Zusatz:
Schnee: Gefrorenes Wasser oder auch kristallisiertes $H_2O$.

## Neues aus dem Inneren

Ach, manche Strafvollzugsanstalt
wird Dank Verfassungsschutz nicht alt.
Die Art, die Mauern wegzusprengen,
schlägt Panzerknackers Kunst um Längen.

## Gut ausgebildet in die Zukunft

Der Staat tut viel zur Bildung aller!
Damit nicht auf die Nase fall er,
bildet er Kampfsportlehrer aus,
mit Namen Bernd mal oder Klaus.
Die wiederum, die bilden Knechte,
gemein bezeichnet auch als „Rechte",
zu gut geschulten Mördern aus.
Gelegentlich brennt mal ein Haus.

Bedauernd Würdenträger rufen
„Verschwindet Geister, die wir schufen.
Oh Herr, schick einen Meister,
denn die Not ist groß.
Wir riefen rechte Geister,
und werden sie nicht los!"

Des Meisters „Besen, Besen, sei's gewesen.",
das wir im „Zauberlehrling" lesen,
beendet sicher nicht den Spuk.
Soll nicht nochmals am deutschen Wesen
Europa und die Welt genesen,
bedarf es eines Volks, das klug.

## Philisophisch gut

Mancher braucht sich nur in der Nase zu bohren,
um das Beste aus sich heraus zu holen.

## Dein sanftes Flehen, zartes Bitten

Wirf' ab des Tages Stress und Mühe.
Geh in der Küche auf die Kniee
sanft flehe Deinen Abwasch an,
er soll sich säubern, wenn er kann.

Siehst Wäscheberge vor Dir liegen,
die müßten's Bügeleisen kriegen.
Bitt' die doch zart und Stück für Stück:
„Entfalte Dich, nur mir zum Glück."

Der Staub im Schrank ist prähistorisch
und weigert sich noch kategorisch,
den Weg zum Sauger hin zu nehmen.
Dann mußt Du selber Dich bequemen ...

## Verstanden?

Auch wenn sich zwei von ganzem Herzen hassen,
kann das eine Form gegenseitiger Verständigung sein.

## Außenseiter

Berühren sich zwei Außenseiten,
kann man noch lange drüber streiten,
ob, wenn sie von Ampere durchflossen,
sie irgendwo sind angeschlossen.

In manchen Fällen kribbelts auch
in eines Außenseiters Bauch,
erwartet er voll Spannung Irma,
am Abend, außerhalb der Firma.

Ja, unter Strom hat er sich unverdrossen
mit Spannung Irma angeschlossen.

## Warnung

Dozenten und Doktoren
sind leider auch geboren.
Als sie klein war'n, hatte man sie gern,
doch heute liegt das vielen fern.
Das sollte man nur denken,
um keinen Mensch zu kränken!

## Treibend

Der Triebe Triebe treiben
im Frühling ziemlich stark!
Mußt Dich drauf vorbereiten,
mit Sellerie und Quark!

## Sprichwort: Biblische Werte

Schmiede das Eisen wie Dich selbst und
liebe Deinen Nächsten, solange er warm ist.

## Dumme Spüche (irgendwo gehört)

Ehrlich mährt am längsten.

Lieber Nonsens als Konsens.

Kennst Du die Dummheit zur Genüge,
liegst mit der Menschheit Du im Kriege.

Lieber mal ein kluges „Nein",
als immer nur ein dummes „Ja".

Lieber unter Dir als Dir Ober sein.

Am Boss oder Hammer sein...

Als das Unglück geschehen war, sagte eine innere Stimme zu
mir: „Geh und sei froh! Es hätte noch schlimmer kommen
können." ... Ich ging und war froh... Und es kam noch
schlimmer ... (Irgendwo gelesen)

Wer andern eine Grube gräbt, lacht selten zuletzt.

Wer andern eine Grube gräbt, ist selten ein Bergmann.

Wer andern eine Grube gräbt, sich manchmal in dieselbe legt.

## Treffend

Am heutigen Tag, man glaubt es kaum,
gewann ein Gedanke in mir Raum.
Worauf ich - freudig-heiter - in den Sessel sank
und meine Radeberger trank.
Woraus man treffend zieht den Schluß,
daß jeder trinkt, der Denken muß.

## Passend

Der Arsch auf dem Nachtopf paßt besser, als die
Faust aufs Auge. Vor allem, wenn's das eigene ist!

## Unvollendet

Wenn Sie es nicht im Herzen spürt,
daß meine Liebe Ihr gehört,
dann sind die Karten für mich schlecht.
Und doch ist, was ich fühle echt ...

## Einschätzung der Lage

Wer im Glashaus sitzt,
soll nicht mit Steinen werfen.
Und wer im Gasthaus schwitzt,
soll keinen Schnaps mehr schlerfen.

## S+I+J+B+A

Selbstzufriedenheit ist jeden Bauches Anfang.

## Oh Gott, oh Gottogott

Wenn Götter leise weinen
und Regen rinnt vom Dach,
dann will es mir so scheinen
und ich denk drüber nach:

Wie's wär, wenn sie nicht weinen.
Denn dann rinnt nicht's vom Dach.
Es kann die Sonne scheinen,
auch Wolken gibts vielfach.


## Kneipengängeraufruf

Wer immer nur zu Hause sitzt,
wird aus dem Aug' verlieren,
wie schön es oft in Kneipen itzt,
die man tat renovieren.


## Falsche Fährte

Wer auf Prinzipien herumreitet,
sitzt meistens auf dem falschen Pferd!


## Das Wandern ist des Müllers Lust

Das Wandern ist des Müller's Lust,
mit der linken Hand über der Müllerin Brust.

## Spielerisch

So mancher dreht spielerisch den
Autoschlüssel um den Zeigefinger
und vergißt dabei die Fahrradklammer
am Hosenbein.

## Gebote und Erkenntnisse

Gehet in Euch - und Ihr werdet Außereuch sein.

Nur Außermir zu sein, um Inmichgehen zu können,
langweilt, wenn da nicht die großen Fragen unserer
Zeit wären, die in etwas wie folgt lauten könnten:

Wenn ich Außermir bin, bin ich dann eigentlich
InnerDir oder Ringsummichrum?

Steh ich greifbar Nebenmir und wer ist in diesem
Fall mein Nachbar?

Ist er als Nachbar Inmir? Bin ich um ihn herum?
Bin ich es am Ende selbst?

Muß ich mich eventuell selbst suchen, weil ich so sehr
Außermir bin, daß ich mich verloren habe?

Manch einer kriegt sich garnicht wieder ein, so ist er
Außersich.

Mancher steht neben sich, wenn er in sich geht.

Manch einer freut sich schon über Besuch,
wenn er nur wieder zusichkommt.

## Spiegelfechterei

Mancher schaut lachend in den Spiegel, und merkt erst
viel später, daß der Spiegel nicht zurück gelacht hat.

## Verhandlungsgeschick

Wenn sich zwei Menschen bei Verhandlungen auf dem
halben Weg entgegen kommen wollen, darf der erste
Schritt nur so groß sein, daß sie weder aneinander vorbei
rennen noch aufeinander prallen.

## Alles einfach

Wenn Du aus die Frage, was Du denn alles falsch gemacht
hast im Leben, nur antworten kannst: „Einfach alles", dann
sparst Du Dir jede Menge Zeit, um über Details nachdenken
zu müssen.

## Grober Unfug

Grober Unfug ist es, den Piloten des Flugzeuges
zu erschießen, in dem man selbst sitzt, es sei denn,
man wollte ohnehin aussteigen.

## Differenzen

Der Unterschied zwischen Differenzen besteht im
wesentlichen in der Verschiedenheit des Seins. Andersherum
aber: In der Verschiedenheit des Seins sind Differenzen
ausgeschlossen. Wenn das Sein verschieden ist, wen oder
was interessieren da noch Differenzen? Im Unterschied zur
Differenz ist das Gegenteil nun doch was ganz anderes. Im
Gegenteil: Die Differenzen in den Unterschieden sollten
eben gerade nicht unbedingt das ganze Gegenteil sein. Oder
wie ist das eigentlich wirklich?

## Gelbnis

Wenn Geldsucht
gelb machen würde
im Gesicht
und Gelbsucht genau
dies täte nicht,
man sähe trotzdem
schon nach wenigen Tagen
nur gelbe Köpfe
durch die Gegend getragen.

## Übers Jahr

Es gab eine Zeit,
da war unsere Liebe
wie das Blühen des Frühlings.

In das bunte Welken des Herbstes
mischt sich der bittere Geschmack
des Nichtverstehns.

Doch auf *den* Frühling
folgt übers Jahr
genau so einer,
wie der vergangne es war.

## Strohfeuer

Als ich sie traf,
sprang zwischen uns ein Funke über.
Er entzündete
ein hell loderndes Strohfeuer in uns.

Als es verlosch,
sahen wir entsetzt,
daß auch der letzte Strohhalm,
an den wir uns noch klammerten,
mit verbrannt war -

*- unsere Zärtlichkeit -*

## Wege und Schritte

Wir haben es uns schwer gemacht,
doch es war besser so.
Es hat uns geholfen,
unseren Weg zu finden.

Gehen wird ihn jeder für sich.
Denn wir haben der Verlockung,
es leichter zu haben,
nicht widerstanden.

Gut ist es zu wissen,
daß dies nicht sinnlos war.
Das läßt uns auf getrennten Wegen
sichere Schritte geh'n.

## Was meiner Rose fehlte

(und was sie trotzdem gab)

Eine Rose blühte an einem Strauch.
Sie wurde gebrochen, wie andere auch.
Dann ward' sie gestellt, in ein Zimmer hinein.
Dort stand sie drei Tage, dann ging sie ein.

Es stellt sich heraus, schon nach kurzer Zeit,
daß s o  eine Blume niemals gedeiht!
Sie braucht, um täglich schöner zu werden,
wohl Liebe und andere fruchtbare Erden.

Kurz: Ihr fehlte das Schönste im Leben.
Mir mein Kind, hast Du *d a s* gegeben.


## Rückblick

So schön wie Deine Liebe,
sollt meine niemals sein.
Als sie bei mir erwachte,
da schlief die Deine ein.

Du siehst, es sind die Kleinigkeiten,
die meistens - besser: oft -
mir großes Ärgernis bereiten
noch eher als gehofft.

## Tagesbegleitung

Nacht.
Die Hitze zweier Körper.
Im Beingewirr - Suchen und Finden.
Kennend alle Tiefen und Höhen.

Umschlungen haltend.
Endlich Erfüllung gefunden.
Traum, schwer und bildervoll.
Nochmals durchlebt diese Nacht.
Erinnerungen bleiben.

- Früh -
Lärmend ein unbarmherziger Wecker,
zur Arbeit rufend.

Es bleiben
die Wärme Deines Körpers,
die Schönheit der Gefühle
und das zarte Nachklingen Deiner Liebe,
die am Tag mich begleiten.


## Trollig

Ich hätte Dich so gern geliebt,
nur hab ich das Konzept versiebt,
nach dem ich dieses tuen wollte,
weshalb ich mich beizeiten trollte.

# Gefühlskalkül

Wenn eine Liebe zerbricht
bleibt Haß oder
Gleichgültigkeit.

Wenn ich Dich seh', so fühle ich,
daß etwas nicht stimmt an dieser Weisheit.

Und ich denke,
es gibt eine Liebe,
auch nach diesem Bruch.

Nur ist sie nicht mehr so groß,
um eben sie selbst zu sein.

Und dieses Kalkül,
dieser Teil vom Gefühl,
der schließt
uns're Freundschaft
mit ein.

### Wie lange noch?

Wenn die Gefühle einer einzigen Nacht,
unserer Nächte,

den Verstand eines einzigen Tages,
unserer Tage
ergeben könnten,
wären unsere Taten klarer, reiner
und ohne befremdenden Selbstzweck.

Denn allzuoft noch,
machen wir, was uns nützt,
sagen wir, was nur uns hilft
und sehen nicht,
ja, wollen nicht sehen,
daß der Schaden anderer
für uns willkommen ist,
zu lachen.

Wie lange noch wird der Mensch brauchen,
Mensch zu werden?


### Vorwärtskommen?

Bei dem Gehen
im Gedränge
durch die Menge
wird die Länge
kaum entscheiden.
Entscheidend sind
doch ungelogen,
stets die breiten
Ellenbogen.

# Nachwort zu einer Nacht

Als ich Dir sagte,
sie war schön mit Dir,
diese Nacht,
sahst Du mich an und fragtest,
ob ich Gedanken lesen könne.

Als ich Dir sagte,
daß Du sehr gut küßt,
warst Du nicht rot geworden,
oder gar verlegen.
Du sagtest nur: "Du aber auch!".

Als ich Dir sagte,
daß Du schön wärst,
da hatte ich Dich dann
wohl doch geschafft.

Du sagtest nichts.
Du wolltest mich wohl nicht
verlegen machen.

Als ich Dir sagte,
daß ich Dich sehr lang schon liebe,
gehörte uns die Nacht.
Gehörten wir uns ohne Falschheit,
nur unseren Gefühlen verpflichtet,
zu tun und zu lassen,
was diese wollten.

Der Morgen kam regnend über die Stadt.
Und daß keine Bitterkeit und kein Haß,
kein schlechter Geschmack in uns blieb,
von dieser Nacht,
von diesen Küssen,
macht klar, daß alles gut war,

was wir dachten
und alles gut war,
was wir taten.

Als ich Dir sagte,
sie war schön mit Dir,
diese Nacht,
sahst Du mich an
und hast gefragt,
ob ich Gedanken lesen könnte...

### Deine Augen

Traf Dich Jahre später,
schwere Zeiten waren,
bat' Dich mir zu sagen,
was Dir widerfahren.
Bat' Dich nicht zu Lügen,
wollte offen Reden,
Deinen Augen sah ich's an,
belügst nicht gerne jeden.
All Dein Mut zur Offenheit,
hatte Dich verlassen.
Ich sah mit Betroffenheit:
Wirst mich bald verlassen.
Werd' mich diesmal fügen.
Schau' in meine Augen dann.

## Niemals Einsam, so oder so

Dein Freund oder Deine Freundin
geht? Johnny Walker kommt.

## Herz Ass

Dieser Herzbuben-Entwurf aus einer neuen Serie von
Skatkarten, der mit dem Ziel, berühmte und berüchtigte
Persönlichkeiten als Spielfiguren darzustellen, entworfen wurde,
wurde leider von allen einschlägigen Kartenproduzenten nicht
angenommen.

T.Stys. d.Ä.: Skatkarten-Entwurf
Technik: Bild in Datei, 1995

## Tagebau

Liebe MitarbeiterInnen, liebe MitarbeiterAußen! Es ist nun erwiesen, wir haben vom Tagebau Demitz-Thumitz eine Absage erhalten. Nun wissen wir nicht, ob wir den Reitweg mit Basaltblöcken pflastern sollen oder nicht.

Eigentlich wollten wir ja Granit nehmen, aber Sie wissen ja, Demitz-Thumitz kann den Vertrag nicht einhalten. Gerade Granit wäre gut gewesen zum Reitwegpflastern. Das hätte beim Einherhoppeln der hufeisenbeschlagenen Pferde herrliche Funken gesprüht. Damit hätten wir gleich die Beleuchtungseinrichtung gespart. Aber erstens kommt es eben anders und zweitens als es ist. Nun haben wir den Dreck und müssen die Laternen wieder begasen.

Wir hatten schon gedacht: Gut, nehmen wir Feuersteine. Die müßten ja hell genug sein. Nur waren wir anfangs der Meinung, derlei Steine wachsen nur auf Feuerland, woher sie auch ihren Namen haben und von wohinaus sie jedoch nicht bis zu uns leuchten. Was wollen wir aber den Reitweg auf Feuerland pflastern, wo wir hier schon einen haben? Es ist so schwierig, sich dauernd mit den Pferden einzuschiffen.

Neulich sagte unser Vertragspartner, daß es auch an der Elbe, genau genommen an deren rechten und linken oder linken und rechten Ufer Feuersteine gäbe. Das war neu. Da hätte man ja Feuersteinsammler ausschicken können. Mäntel mit großen Taschen haben wir auch schon.

Die hatten wir uns doch in den vergangenen Jahren schon immer gegenseitig vollgehauen. Die Feuersteinsammler hätten die sich auch vollhauen können, mit Feuersteinen. Und der Reitweg wäre gepflastert. Mit Feuersteinen. Aber, das nun wiederum scheitert an den Wildpferden.

Jeden Winter schwimmen die Viecher nach Schöna zum Laichen die Elbe aufwärts. Sie sollen von den Azoren hoch kommen, wie man hört. Man sagt ja nicht umsonst im

Wetterbericht: "Das Wetter würde wieder besser pferden. Gell."

Die Wildpferde sind sehr scheu, wurde berichtet und schwimmen bereits vor Hamburg unter Wasser. Es hat sie deshalb auch noch keiner gesehen. Nur an der Reeperbahn kommen die Dinger hoch, werden rot und tauchen wieder unter. Sie könnten eigentlich ab Salzwedel oder Worbswede oder so auch über Wasser schwimmen, aber sie können ja nicht fliegen. Keiner weiß, wann so ein Wildpferd nun eben gerade wo ist oder wo es wann ist und warum es nicht gerade da oder dort ist. Gerade in Dresden ist man auch jetzt noch nicht so gut informiert, was in der Welt so passiert.

Deshalb wurde auch der Freistaat gegründet. Die denken dort immer noch, daß Freistaat was mit Freiheit zu tun hat. Dabei bedeutet das nur, daß alle Finanzen frei an den Staat gehen.

Rechtsstaat wäre besser gewesen. So weit Rechts wie der Staat ist, wäre überhaupt keine Änderung erforderlich gewesen. Trotzdem: Biedenkopp zum Doppelkopp und dann hochdienen zum König. Das wäre was. Aber zurück zum Thema.

Aber der Stand der Wildpferde wäre so interessant für die Pflasterung unseres Reitweges gewesen, weil nämlich einer von den Feuersteinsammlern von so einem Wildpferd, als er sich gerade nach einem Feuerstein bückte, ins Schienbein gebissen worden ist.

Die Viecher sind so dämlich, daß sie nur kurz zum Atmen auftauchen und dabei so nach Luft schnappen, daß ab und zu schon mal eine Wade mit geschnappt wurde. Kann natürlich sein, daß die Luft so schlecht ist, daß man sie so selten wie möglich einatmen sollte, dafür aber vielleicht öfter mal ausatmen. Die Ärzte sagen nicht umsonst, die Luft wäre eben nicht so gut für Waden.

Aber unser Reitweg wird ewig nicht fertig. Die Feuersteinsammler mit ihren vollgehauenen Manteltaschen sammeln nämlich keine Feuersteine mehr. Weil einer gebissen worden ist. Am nächsten Tag kam der nicht zur Arbeit. Er hat telefoniert und mitgeteilt, daß er gestern früh - um 10.15 Uhr - von einem zum Laichen schwimmenden Wildpferd gebissen wurde, als er einen Feuerstein aufhob. Da könnte ja jeder kommen mit der Ausrede. Ich habe ihn vorsichtshalber zum Psychiater geschickt. Warum? Na, weil auf unserem Reitweg gar keine Wildpferde schwimmen können, weil er doch noch gar nicht gepflastert ist.

Liebe MitarbeiterInnen und MitarbeiterAußen, es ist erwiesen. Weil wir vom Tagebau Demitz-Thumitz ... Sie wissen schon, Basaltblöcke zur Beleuchtung und so ... Es kann doch nicht jeden Tag einer kommen und sagen, er ist vom Wildpferd gebissen und so...

## Hinkende Vergleiche

Schöne, heißblütige Frauen sind wie Streichhölzer.
Sie werden entzündet - brennen eine Weile -
doch dann muß man die Flamme auslöschen,
weil man sich sonst die Finger verbrennt.

Schöne, kühler erscheinende Frauen sind wie Brikettanzünder.
Sind sie einmal entflammt, so brennen sie mit ruhiger,
gleichmäßiger Flamme. Läßt man sie lange genug gewähren,
können sie ein unglaubliches Feuer entzünden,
doch gewöhnt man sich schnell an ihren Gebrauch.

Man wird bemerken:

Entweder man verbrennt sich die Finger öfter
oder man gewöhnt sich daran!?
Ein Spießer ist, wer sich gewöhnt!
Doch Unvernunft ist auch verpönt.

## Fragen an eine erschütterte Welt

Gestern ist morgen heute!
Heute ist demgegenüber morgen gestern.
Gestern wäre demzufolge morgen vorgestern.
Vorgestern ist dann eigentlich heute.

Heute wäre gestern morgen.
Und morgen wäre gestern heute.
Oder ist vorgestern gestern gewesen?

Wenn nun übermorgen heute wäre,
wäre dann gestern morgen oder wie
oder was und warum eigentlich?
Und wann gibt's überhaupt neue Kalender!


## Nur keine Panik

Auch wo ein spitzes Messer liegt,
da mach Dir keine Sorgen.
Wenn es nicht tief genug Dich piekt,
lebst trotzdem Du bis morgen.


## Fälschung

Wer Informationen nachmacht oder verfälscht
oder nachgemachte oder verfälschte Informationen
sich verschafft und in Verkehr bringt, wird vom
Leben bestraft, weil er zu spät kommt.

## Streichquartett

Es waren einst Geige, Bratsche und Cello.
Man spielte auf ihnen sogar schon Othello.
Doch wie vorauszusehen: Heute
fehlen zum Spiel'n für sie die Leute.

Zum Glück sah man einen Rasenlatscher.
Nun hatte man diesen endlich als Bratscher.
Der Herr fürs Cello war auch nicht da.
Man freute sich und sagte: "Na:

Obwohl es wahrlich sehr betrüblich,
wir sparen ihn ein, so wie es üblich.
So können wir, erstmals seit Jahren
Cellist, Cello und Gage sparen.

Was nun noch fehlte zum Hochgenuß
der Muse war ein Musikus,
der Geige spielt vom Blatte
und Notenkenntnis hatte.

Der einz'ge Geiger jedoch, den man fand,
nachdem man gesucht hat im ganzen Land
- und nun offenbart sich ein Planungsfehler
- das war, oh welcher Unverstand,
ein schnöder Geigerzähler.

Moralisch die Geschichte end':
Wenn man schon trennt,
was inniglichst zusammengehört,
wird oft ein Hochgenuß gestört.

## Getränke trinken

Bei dem Trinken von Getränken
muß man immer daran denken,
daß man, wenn sie alkoholisch,
bald schon wird ganz melancholisch.

Oder man wird sanguinisch
- dieser Fall ist auch nicht klinisch.
Kritisch wird erst der Genuß
einer Flasche Schnaps im Bus.

Für den Fahrer wirkt ein Klarer
wie ein Bremsklotz im Gehirn.
Selbst der dickste Lebensfaden,
ist nur noch ein dünner Zwirn.

Nachher kommt die große Frage,
welche von den beiden Kurven,
die man unvermittelt sah,
hätt' man denn hinlang fahren durfen?

Wirklich war nur eine da.
Und die ging genau nach rechts.
Doch, wie man weis: Bei rechts,
da pechts.

Weil er links nur fahren konnt',
er sich nun im Streckbett sonnt.
Mit 'nem Gipsverband am Beine,
hochgehangen an der Leine
an der Decke angeschnallt.

Und der Fahrer in der Lage
denkt: " Was hat nur so geknallt?".

Nur sein zukünftiges Hinken
wird ihn erinnern
an das Trinken
alkoholischer Getränke.
Das bedenke!


## Das Hanghuhn

Es war einmal ein Hanghuhn,
dem war ein Bein zu lang.
Da es das rechte war,
ging's linksrum um den Hang.

Doch es gab noch ein Hanghuhn,
dem war dies Bein zu kurz.
Als es dem andern nachging,
da kam's zu einem Sturz.

Und erst das dritte Hanghuhn:
Das wollte auch nach links.
Doch hatt's gleichlange Beine
und siehe da, nu' hinkt's.

Die besten Beine helfen nicht's,
wenn man nicht recht versteht,
wie man an steilen Hängen,
am besten aufwärts geht.

Zugabe:
Ein Berghuhn liebte über alles
die großen hohen Berge.
Drum ging es über sieben,
da fand es viele Zwerge.

Da ist es schnell zurückgerannt,
über die vielen Berge
und seither sind uns gut bekannt,
die lieben sieben Zwerge.

## Zylinderkopfdichtung

Es war mal ein Zylinderkopf.
Das war ein gar zu dummer Tropf:
Er tropfte auf einer Lichtung.
Der Grund war ein ganz alter Zopf
- 'ne defekte Zylinderkopfdichtung.

Es tropft so mancher dumme Kopf
auch heute noch - ganz ohne Zylinder -
in ellenlanger Rede Zopf
- dabei wär's kürzer gesünder

Daraus zieht mancher dann den Schluß:
"Nicht jeder denkt, der sprechen muß."


## Pfannenhauerwirtschaft

Wenn keiner mehr dem andren traut,
weil der ihn in die Pfanne haut
und darauf eine Wirtschaft baut,
dann werden alte Nazis laut.


## Immer nur Wiederholungen

Wenn die Gerechtigkeit für Geld
man dummdreist in die Ecke stellt,
dann ist der Frieden auf der Welt
bei Zeiten wieder abgestellt.

## Feuer unterm Arsch

Und sie schlagen sich wieder die Köpfe ein
und sie nennen das Moral.
Und sie schlitzen andren die Bäuche auf
und sie nennen das "ganz normal".

Sie erschlagen Weib und Kind und Mann,
erhalten dafür auch noch Lohn:
Mit dem Frieden, der diesem Krieg folgen wird
und das alles der Menschheit zum Hohn.

Sie rauben und morden genau wieder so,
wie die Nazis vor gut fünfzig Jahren.
Ihre Kinder vergessend, die nie wieder froh,
die Verlierer der Sinnlosigkeit waren.

Sie krepieren so, wie Vieh beim Transport,
wovon man jetzt sehr häufig hier hört.
Nie vergessend Granaten, Blut und Mord
werden Kinder verhaltensgestört.

Die Führer, die diese Kriege führn, sagt man,
die wären allesamt Kommunisten.
Dabei merken sie - schon aus Dummheit - nicht,
in Kroatien regieren Faschisten.

Fatale deutsche Politik
hat ihnen Mut gegeben,
am Rand der Europäischen Union
die Machtgier auszuleben.

Es hat versagt die Politik,
versagt hat der Verstand.
Manch Helfer ist schon erschossen worden,
mit Waffen aus eigenem Land.

Schon tönt es wieder, das Geschrei,
aus deutschen Waffenschmieden,
daß da noch zu verdienen sei,
drum bitte, keinen Frieden.

Ja, sie bedient sich dabei gar
deutsch-tumber Politiker,
gestützt auch auf den Medienzar:
"Den Hirntod für die Kritiker".

Doch wartet Deutsche, wartet noch,
bevor Ihr opponiert.
Die Deutsche Bank von hinten meint:
"Noch nicht genug zerstört!"

Ein Milliardenkredit, der lohnt sich erst,
wenn der Bürger ihn freiwillig gibt.
Als Hilfe bezeichnet, das kommt gut an,
sonst wird er sehr wenig geliebt.

Wenn der Rahmen für den Kapitaltransport
deutsche Firmen wieder subventioniert,
dann werden endlich - statt Waffenexport -
dieselben gleich dort produziert.

Es sollten weitere Feuer brennen,
zu Millionen und jeden Tag,
doch sie sollten *d e m* Kanzler am Arsche hängen,
weil ich den besonders gern mag.

Dieses Lügenschwein, dieser Staatsober-Olk,
wird schnellsten sich selber verderben.
Dann kann dieses dümmliche deutsche Volk
auch IHN noch als Schande ererben.

Zusatz:
Volltreffer, bei dem Spendenskandal. Sechs Jahre später hat's
den Dicken in Bonn dann endgültig erwischt. Gut gemacht.

## Koffer-Lied

Ich hab noch einen Koffer in Berlin.
Da waren einstmals zwei Millionen drin.
Die wurden mir gespendet,
in bar und steuerfrei.
Zum Glück war olle Waigel
beim Transfer nicht mit dabei.

Ich hab noch einen Koffer in Berlin.
Zu dem zieht es mich immer wieder hin.
Ich sammle wieder Spenden,
denn der letztet Deal ging schief,
weil irgend ein Provinzler
"Untersuchungsausschuss" rief.

Ich hab noch ein/zwei Koffer in Berlin.
Da sind schon wieder viele Mille drin.
Die Spende ich der Alt-Partei
die sonst vor Schulden sterbt.
Dass die mich wieder lieb hat,
hab mein Haus ich ihr vererbt.

Ich hab noch einen Koffer in Berlin.
Zu dem zieht es mich immer wieder hin.
Vom letzten Deal die Spender
die kannte ich noch mit Namen.
Doch Ehrenwort ist Ehrenwort,
ich nenn' sie nicht. Drauf Amen.

Ich hoffe nur, dass ich mich bald nicht mehr erinnern kann,
das Altersschwachsinn hilft mir, zu vergessen Frau wie Mann.
Dann stehn die beiden Koffer noch immer in Berlin,
doch ich kann mich nicht erinnern, wieso fahr ich da hin?

Zusatz:
Nimm Deine Koffer und hau ab...

## Plutonium in meinem Bauch

Sag mir, wo die Träume sind,
wo sind sie geblieben.
Sag mir, wo die Träume sind,
was ist geschehn?

Sag mir, wo die Träume sind:
Menschen nahmen sie geschwind.
Wann wird man je verstehn,
wann wird man je verstehn?

Sag mir, wo die Menschen sind,
wo sind sie gebleiben?
Sag mir, wo die Menschen sind,
was ist geschehn?

Sag mir, wo die Menschen sind,
Nazis wurden sie, mein Kind.
Wann wird man je verstehn,
wann wird man je verstehn?

Sag mir, wo die Nazis sind,
wo sind sie geblieben.
Sag mir, wo die Nazis sind,
was ist geschehn?

Sag mir, wo die Nazis sind:
Sitzen überall, mein Kind!
Wann wird man je verstehn,
wann wird man je verstehn?

Sag mir, wo die Kinder sind,
wo sind sie geblieben?
Sag mir, wo die Kinder sind,
was ist geschehn?

Sag mir, wo die Kinder sind:
Kam Plutonium im Wind.
Wann wird man je verstehn,
wann wird man je verstehn?...


## (Mit-)Arbeiterbewegung oder
## Der Umzug innerhalb der Firma..."

Oh ja, so will der Chef es immer:
„Jeder mal in jedem Zimmer!".


## Neue Lieder brauch das Land

### Die Gabifischer:

...Wenn die Gabi als rote Tonne im Meer versinkt...

### Die Toten Hosen:

...Weite Hosen in Athen sagen mir,
Du kommst bald nieder...
...Tote Hosen in Athen, sagen mir,
Du kommst nicht wieder...

### Aus den Erinnerungen eines ausgewachsenen
### Darmgases (frei nach Karel dem Göttlichen):

...Einmal um die ganze Welt
und die Hosen voller Geld,
davon hab ich schon
als kleiner Pub geträumt...

**Toren**

Da steh ich nun, ich armer Tor
und bin so offen, wie nie zuvor.
Doch wenn man nichts tut,
wozu dann die Wut?

Also: Erstens muß der Inhalt stimmen,
dann kann man's noch auf Schönheit trimmen!


**Bekenntnisse**

Als ich Dich liebte, waren die Zeiten schlecht
und Ausreden wurden gebraucht,
zu beweisen - ich habe ja doch immer recht -
und dann hab ich auch zuviel geraucht.

Hab gesoffen manch Glas und getroffen manch Weib
und bin dennoch nicht unterzukriegen,
nur das eine Gedicht, das ich heut weiter schreib,
das ließ ich in letzter Zeit liegen.

Hab am Ende gespürt, wenn es so weitergeht,
dann ist irgendwann alles verloren,
wenn nur Bosheit und Haß vor der Haustüre steht.
Und aus diesem Grund hab ich geschworen:

Treff ich irgendwann wieder mal auf ein Weib,
und mein Herz will, doch nicht der Verstand,
sag ich: Stopp! Fass Ihr nicht gleich an den Leib
sondern nimm doch zunächst ihre Hand.

Und dann sag ich zu ihr: Bitte bleib!
Oder laß es! Ich haß es.

## Liebestöter

Ich liebe Dich. Das ist kein Scherz!
Das solltest Du noch wissen!
Bis d i e Gefahr vorüber ist,
würd ich Dich sehr gern küssen.

Würd' herzen Dich und kosen gar.
Es wär aus reiner Liebe.
Würd' Dinge tun, die man so treibt,
vertriebe sogar Diebe.

Doch ach, Dein Herz gehört nicht mir,
denn Dein Verstand ist groß.
Zum Trost schrieb ich dies Liedlein hier
und kauf ein Lottolos.

Kann sein, daß das am Ende reicht,
mir Liebe zu erhaschen.
Denn reich ist's immer wieder leicht,
die Weiber zu vernaschen.

Doch glaub' ich nicht, daß Du so wärst,
dieweil ich Dich ja liebe.
Und wenn Du mich dann doch begehrst,
dann hoff' ich, daß dies bliebe.


## Bierwurst

Würd' mir das Bier nicht so gut schmecken,
hätt' ich am Körper sicher Ecken.
Doch hilft ein Bier gut gegen Durst,
deshalb sind mir die Ecken Wurst.

## ÖKO-Krise

Wenn Kohlrabi aus Ökoanbau im Kühlschrank stinkt,
war er nicht frisch, sondern gedüngt.


## Unwillig

Wer kann und nicht will, ist selber schuld.
Wer will und nicht kann, hat Pech gehabt.
Wer nicht kann und nicht will, hat sich abgefunden.
Wer kann und will hat schöne Stunden.


## Radfahrer

Kommt Zeit, kommt Rad. Und kommt das Rad nicht,
gehn wir zu Fuß. Oft wird ein guter Rat teuer.


## Liebe geht über'n Magen

Gibt's ein Liebesspiel am Morgen,
sind sie weg, die Tagessorgen.

Gibt's zum Mittag Zärtlichkeit,
ist das Essen nicht bereit.

Gibt es Sex zum Abendbrot,
seh ich für den Magen rot.

Wenn man kaum ißt und sich nur liebt,
dies schnell die schlanke Linie gibt.

## Die niemals endenden Gedichte

...Und wenn ich Freitags zu mir komme
mit Kopfschmerzen in der Omme,
frag ich mich, wo sind die Tage?
Sind vergangen ohne Klage!
Montag, Dienstag, Mittwoch, Don-
nerstag stahlen sich davon...

Und wenn ich Freitags zu mir komme
mit Kopfschmerzen in der Omme,
frag ich mich, wo sind die Tage?
Sind vergangen ohne Frage!
Montag, Dienstag, Mittwoch, Don-
nerstag stahlen sich davon...

Und wenn ich Freitags zu mir komme
mit Kopfschmerzen in der Omme,
frag ich mich, wo sind die Tage
sind vergangen ohne Klage!
Montag, Dienstag, Mittwoch, Don-
nerstag stahlen sich davon...

Und wenn ich Freitags zu mir komme
mit Kopfschmerzen in der Omme,
frag ich mich, wo sind die Tage
sind vergangen ohne Frage!
Montag, Dienstag, Mittwoch, Don-
nerstag stahlen sich davon ...


## Liebe ist...

Liebe ist ein Zeitvertreib,
zweier Körper, Leib an Leib.

# Bankgeflüster

Wär' ich Chef der Deutschen Bank,
hätt' ich immer Geld im Schrank
oder Aktien im Tresor.
Das käm' häufig vor.

Hätte Kohl zur rechten Hand
und Verbrecher im Vorstand.
Ach, wie würd' das Leben geh'n,
doch ich muß gesteh'n:

Hab' kein Geld im Kleiderschrank
und erst recht nicht auf der Bank.
Sitz ganz einfach auf der 'rum
und find das garnicht dumm.

Wär ich Chef der Dresdner Bank,
hätt' ich einen Plan im Schrank,
Ostgebiete heimzuholen,
Österreich blieb mir gestohlen.

Ach, wie wär das Leben heiter,
doch mit mir geht's so nicht weiter:
Sitz auf meiner Bank nur 'rum
und find das garnicht dumm.

Wär ich Chef von Höchst am Main,
schüttete ich in den r(h)ein,
was wir sonst in Luft ablassen.
Fischlein würden arg erblassen.

Ach, wie wär das Leben schön,
könnt' Main Grab vom Fenster seh'n.
Würde trinken mit Herrn Fischer
aus dem Pestizidenmischer.

Ach, wie würd' das Leben geh'n,
doch stattdessen muß ich seh'n:
Pestizid im Kleiderschrank,
Holzschutzmittel auf der Bank.
Sitz ganz einfach auf ihr 'rum
und find das garnicht dumm!

Wär ich Chef von der Gewerkschaft,
wüßt' ich, wie man täglich mehr rafft.
Könnt' mit Aktien spekulieren,
niemals all mein Geld verlieren.

Ach, wie könnte ich mich ahlen!
Dummer Michel würd's bezahlen.
Säß' im Aufsichtsrat blöd rum
und fänd das garnicht dumm.

**Doch wär ich Chef der Allianz,
dann hätte ich euch ganz!**

Epilog:
Lieb' ein Mädchen - sonderbar -
auf den Zähnen hat sie Haar.
Gut, daß sie es nicht versteht,
daß es gut mir geht.

Hab kein Geld auf einer Bank,
dafür Pestizid im Schrank.
Und wo nur das zu holen ist,
findet sie es "Mist".

### Wirtschaftkapitäne aufgepaßt

Nicht nur Kapitäne verbleiben auf dem sinkenden
Schiff, sondern auch Nichtschwimmer.

## Ochsen

Keine Milch gibt diese Kuh!
Es ist eine Ochse, so wie Du.


## Liebe ist...

Wo Liebe Spiel bleibt,
man's nie zuviel treibt.
Doch wird aus Liebe Leistungssport,
dann ist dies für dieselbe Mord.


## Die besten Freuden dieser Welt...

Viele Freuden dieser Welt
sind sehr teuer, kosten Geld.
Doch die beste Freude ist:
Macht der Chef auch heute Mist.


## Reiterspiele

Der Jockey heute langsam ritt,
weil er so unterm Satelit.


## Tüte

Es kann der Frömmste nicht gut Tüten kleben,
wenn es dem Zellennachbarn nicht gefällt.


## Nochmal: Liebe ist...

Liebe ist die Rekonvaleszenz des Intellekt
unter cognitiver Ignoranz des Bewusstseins.

# Ein großes Werk bedarf des Fleißes

## Version 1: Das Lied vom Reim

Ich hatte einen Reim
und rannte damit heim.
Doch noch vorm Abendbrot
da hab ich ihn vergessen.

## Version 2: Reimlied

Ich hatte einen Reim
und rannte damit heim.
Doch vor dem Abendessen
da war der Reim schon tot.

Eine Anmerkung zum Kunstwerk

Betrachten wir dieses - doch sehr ungewöhnliche - Werk eines
nicht genannt sein wollenden Künstlers einmal etwas genauer,
fällt vor allem auf, daß jede der beiden Varianten gleich gut
gelungen ist. Ja, man muß wohl davon ausgehen, daß ein
staatlich gefördertes Auftragswerk entstehen sollte, zu dem die
Entwicklungsgeschichte des Werkes üblicherweise festgehalten
wird.

Wir haben diese Aufzeichnungen über den Entstehungsprozeß
gefunden. Sie wurden vom Künstler persönlich aufgezeichnet.
Hier ihr Wortlaut:

Hurra. Der Auftrag ist mein. Aber es war schon mühsam, mich
durch diesen Wust von zündenden Gedanken und Ideen
durchzuwühlen.

Wie begann das damals eigentlich? Ich glaube, es war so...

...Oh. Eine Ausschreibung! Thema "Gedanken, die die Welt
verbesserern, in Lyrik oder Prosa"... Nun, da mache ich mit.

Denken wir uns einen Reim aus. Ich sinne nach und sinne nach und bin fast schon wie von denselben,... Ein Reim..., ein Reim..., ein Heim...Aha. Ich habe einen Reim. Verflixt. "Habe" ist viel zu aktuell. Man würde die Tradition vermissen.

"Hatte" macht die historische Tragweite des Stückes sichtbar. Also, "Ich hatte einen Reim" ist schon mal gut. Nun mußte ich mich aber beeilen, denselben meinem Weibe mitzuteilen. Ich ging also erstmal heim. Reim...Heim...gut: Aber "gehe"?

Die ganze Dynamik unserer Zeit kommt überhaupt nicht rüber. Verdammt. Ich rannte nun bereits ein Stück. Da fällt mir manchmal was ein, so wie neulich der rechte Lungenflügel mir einfiel, der mich mahnte das Rauchen einzustellen, wie mein Fahrrad ich auch schon eingestellt habe...

Oh, "und renne damit heim", daß ist gut: dynamisch, zielbestimmt, das hat was. Nun aber schnell. Dann hatte ich einen Hunger. Nach getaner erfolgreicher Arbeit und unmittelbar nach dem Aufstehen ist dies kein Wunder. Also nochmal: "Ich hatte einen Reim,und rannte damit heim..." Wie nun weiter? Nur den halben Förderbetrag will man ja auch nicht.

Irgend etwas Weltpolitisches muß jetzt noch kommen, so über Tod oder Fremdenfeindlichkeit oder so. Ohne Abendessen bin ich nur ein halber Dichter. Aber: "Tod" ist schon gut. Wenn's nur endlich Abendessen gäbe. Verflixt, wie war denn nur der Reim, den ich vorhin noch hatte? Etwas kritischer Realismus, zeitnah und direkt, fehlte ohnehin noch. Vielleich geht es so ... das ist auch gut ..: "Doch vor dem Abendessen". Das ist zeitdefinierend, epochal konzentrierend, den Tagesabschnitt indirekt benennend, der für die Schöpferkraft meiner Dichtung steht.

Und nun das zeitkritische Element "... da war der Reim schon tot ...". Zugegeben, der Reim trifft nicht ganz. Aber es sind immerhin vier Zeilen! Soll ich denn das ganze Werk verwerfen, nur weil eine Silbe nicht paßt.

Nach dem Abendbrot denke ich doch nochmal darüber nach. Verdammt: „... Abendbrot ..." ist gut! Das gibt dem Werk die Wendung. "Doch vor dem Abendbrot" bringt eine enorme Stimmung rüber, vom glücklichen Ausgang unserer Unternehmungen in In- und Ausland. Aber wie war jetzt gleich der Reim? Ich habe ihn vergessen!

Nur gut, daß ich so vergeßlich bin. Richtig: Diese realistische Ader. Ich versuch es noch mal: "... doch vor dem Abendbrot, ... ... da hab ich ihn vergessen ..."

Das ist aufrüttelnd und erschütternd zugleich, kündet von der Vergeßlichkeit der Menschen und der Vergänglichkeit der Dichtkunst ... und von unseren Grundbedürfnissen, die sicher auch im Nord-Süd-Konflikt berücksichtigt werden müssen ...

Ich glaube, ich reiche beide Versionen zur Ausschreibung ein. Die zweite direkt, die erste unter einem Pseudonym. Endlich ein wirklich bedeutendes Werk.

Ich liebe meine Feder ...

Nur ein wirklich großer Dichter kann in dieser Weise seine Gedanken bündeln, zu einem Bannstrahl, der das Schlechte dieser Welt vernichtend trifft und der von Blitz und Donner kündet ...

Wenn ich den Jury-Vorsitzenden morgen zum Essen einlade, kann ich doch sicher etwas näheres über das Werk vom Pseudonym erfahren ...

Nun, nehmen wir den Champagner vorweg...

Es kann nur einer hier gewinnen ...

Der Beste.

## Statt Blumen

Du hast studiert.
Du bist der Dümmste nie gewesen.
Doch höre trotzdem meinen Rat:
Nur in der Produktion kann das genesen,
was geistig man an Dir verkrüppelt hat.

Das Studium ist lang schon her,
gut zwanzig Jahre, bitte sehr.
Mir scheint, es ist doch nichts genesen.
was geistig an Dir verkrüppelt gewesen...

## Licht am Ende im Tunnel?

Manchmal stammt das Licht,
das wir am Ende des Tunnels
zu sehen glauben, auch von
einem entgegenkommenden Zug.

## Leiden aufspüren

Wer nicht streiten will, muß leiden.
Wer nichts leiden will, muß streiten.

## Das Tablett

(gewidmet allen armen Schluckern)

Nimm gegen Beschwerden der Zähnchen
am besten zuerst ein Faustänchen.
Verstehst Du beim Hör'n keinen Ton,
nimm eine Aminaphenazon.

Und nimm, wenn's rechte Bein Dir hinkt,
was gegen Rheuma, auch wenn's stinkt.

Sind dann die Hände Dir stets kalt,
verschlucke eine ganze Spalt'.
Fang' Dir dieselben an zu zittern,
ist's Zeit, Vitamin B zu füttern.

Fühlst Du Dich jämmerlich beim Saufen,
muß Du Dir Simagel einkaufen.
Und mangelts Dir an der Potenz:
Die Ginsengwurzel hebt die Schwänz'.

Willst Du Dich an der Galle rächen,
nimm Cholosysmon vor dem Erbrechen.
Kommst Du nicht bei der Arbeit mit,
nimm erstmal eine Mebacid.

Und ist das Herz nicht frei von Schmerzen,
sollst Pholedrin Du runtersterzen!

Nur wenn Du merkst,
Du bist nicht mehr zu retten,
versuch mit Schnaps
und mit Zigaretten
Dein Leben schnellstens zu beenden,
so sparst Du uns die vielen Renten.

## IHS-Komplex

Ein Mädchen hatt ich, hold und schön,
doch bald war ich sie los.
Wir liebten uns ganz wild und sie
saß schon auf meinen Schoß.
Doch Leute, oh es ging nicht los,
das machte mich perplex.
Ich habe leider 'nen Komplex:
Verdammt, ich hasse Sex.

Um diese zu beheben,
ich ständig mich bemühte.
Mir fielen viele Mittel ein,
auch solche hoher Güte.
Selbst Sport und Eier halfen nicht,
das machte mich perplex.
Ich habe eben 'nen Komplex:
Verdammt, ich hasse Sex.

Dann ging ich mal zum Tanze
und fühlte mich sehr stark.
Kein Wunder, denn ich aß ja
nur Sellerie und Quark.
Daß keins der Mädchen wollte,
das machte mich perplex.
Vielleicht hatten sie 'nen Komplex
und haßten gleichfalls Sex.

Dann dacht ich, gut, studierst mal,
zur IHS ich kam.
Doch zu dem Antisexgefühl
wurd' ich noch geistig lahm.
Daß nicht einmal ein Studium hilft,
das macht mich ganz perplex
und stärker wurde der Komplex:
Verdammt, ich hasse Sex.

Der Frühling naht mit Eile,
mit vielen bunten Tupfen.
Wer heut schon auf der Parkbank liebt,
hat morgen einen Schnupfen.
Doch eh ihr euch 'nen Schnupfen holt,
stellt lieber euch perplex
und sagt zu ihr oder zu ihm:
"Verdammt, ich hasse Sex!"

### Ruderer

Nur durch ständiges Rudern kommt mancher nicht ins
Schwimmen.

Wer ständig schwimmt, muß manchmal ganz schön rudern.

Auch Weltklasseschwimmer können mal badengehen.

### Bärig

Es lacht der Bär,
dieweil er Honig findet,
doch fürchtet er den Stachel
und verschwindet.

### Gute Menschen

Ein guter Mensch kann der nicht sein,
der stets vergißt, zu lachen.
Das beste wär, man teilt ihn ein,
die Trauerklöße zu bewachen.

## Zarter Hinweis aus erster Hand

Ein brauner Bär mit Zottelhaar,
der will der Liebe frönen.
Er wußte wohl, wie gut das war
und muß vor Wollust stöhnen.

Aus seinen Lippen klingt ein Lied,
es klingt in schönsten Tönen.
Im Busch er einen Stengel sieht,
den er sich holt, den schönen.

Der Stengel ohne Blüten war
ihm allzugut bekannt.
Ein Tropfen Tau erglänzte gar
an seinem obren Rand.

Ja, war das denn Ambrosia,
was er am Stengelende sah?
Die Götterspeise, die er liebt
und die es doch so selten gibt?

Es schwoll in wüster Sinneslust
dem braunen Bär zunächst die Brust
und gleich den Bienen in den Waaben,
wollt Bärchen Honig haben.

Bewegt sich hin, bewegt sich her
bäumt auch sich auf, genau als wär
ein Bienenstock am obren Ende
des Stengels da, in seiner Lende.

Noch eh die Stunde war verronnen,
konnt Bärchen sich im Honig sonnen.
Und merkte nun: Ambrosius
verschafft ihm diesen Hochgenuß.

Doch als die Nase er erhoben,
nach kurzer Ruhe nach dem Toben,
wird der ihn wieder überraschen
und an ihm mit der Zunge naschen.

Auch Bärchen hat dann mit dem Mund
die ganze Sache abgerund'.
Und sieh, nach ziemlich kurzen Schlecken
da kann er wieder Honig lecken.

Dann nimmt er noch mit viel Verstand,
den ganzen Stengel in die Hand.
Und es ergeht ihm wie im Märchen:
Es spritzt der Honig ihm ins Härchen.

Merke:
Ein Bär mit Herz, Lust und Verstand,
mit Mund und Zunge und mit Hand
kann jederzeit und ohne Lücken
am Honig sich mehrmals beglücken.


## Gute Bäuche

In jedem Jahr, im Monat März,
kann ich voll Freude sagen,
daß mein so vielgeliebtes Herz
noch schwerer hat zu tragen.


## Stasi

Lieber zehn Stasispitzel gleichzeitg oder nacheinander
am Telefon als eins von diesen Weibern am Hals.

# Über das Aussterben der Saurier im Neopaleolithikum oder Mesozoikum bzw. früher oder später

vergelegt von Prof. Dr. Dr. Dr. T. Saurus

Die Unendlichkeit des Denkens erlaubt es uns immer wieder, in unserer Forschung Themen aufzugreifen, deren Behandlung in wissenschaftlicher Weise noch späteren Generationen erschreckende Phänomene bewußt machen kann. Am Beispiel der faltenreichen... - nein richtiger: vielfältigen - Saurierpopulation früherer Jahrtausende und dem Untergang derselben wollen wir das zeigen. Nun, wenn wie hier von Population sprechen, bedeutet das keineswegs, daß der schiefe ... - nein richtiger: geneigte Leser - nun die Finger in die Nase stecken sollte. Nein, das geht nicht mit zur Faust geballten Hand. Nun aber zum Thema zurück.

In grauer Vorzeit lebten einst Unmengen der verschiedenartigsten Saurier in den grünen Wäldern und auf der ebensolchen Heide. Die Saurier zerfielen in die Raubsauriere und in die Pflanzen fressenden Sauriere. Diese Zerfallen allein war, wie man heute weis, noch nicht der Grund für ihr Aussterben.

Eine besondere Gattung, die man grob der Pflanzen fressenden Spezies zurechnet, nahm ausschließlich Teeblätter zu sich, unaufgebrüht und ohne Kochbeutel. Diese spezielle Art nannte man Thesaurus. Der Dichterfürst Goethe setzt dieser Art ein Denkmal in seinem Werk "Iphigenie auf Thesaurus", obwohl schon damals unklar blieb, woher er das wußte und ob diese erste Saurierreiterei tatsächlich stattgefunden hat. Denn eigentlich war der Mensch ja noch nicht erfunden. Möglicherweise lebte aber, in welcher Form auch immer, bereits dieses Fräulein Iphigenie. Man wird es nicht so leicht von der Hand weisen können.

Eine weitere Art Saurier bearbeitete bereits sein Futter und machte es vor dem Verzehr mit Wasser und Hefe an, zu einem Saurierteig. Noch heute finden wir in dem Wort "Sauerteig" eine Entsprechung, wenn es auch nicht ganz exakt das gleiche meint, da heute vielmehr künstliche Grundstoffe eingesetzt werden.

Der Hauptaufenthaltsort der Saurier war "Saurierland". Auch hier liegt die Vermutung nahe, daß sich dieser Begriff durch die vielfachen Lautwechsel im Deutschen später zu der Bezeichnung "Sauerland" wandelte. Am Durchschnittsgewicht der Bevölkerung in dieser Gegend ist noch heute ein gewisser Hang zum saurierhaften zu erkennen.

Manche Arten der Saurier, vor allem die Raubsauriere, sammelten ihre geraubte Beute auf großen Haufen. In dem Begriff "Thesaurierung" wird dieser ersten Form der Aneignung von fremden Eigentum - in diesem Fall: von fremden Leibeigentum - bereits früh ein Denkmal gesetzt.

Eine Art der Sauriere konnte fliegen - oder zumindest schweben. Auf Grund des hohen Gewichts und mit der für die damalige Zeit noch nicht genügend genau berechneten Flügelgröße muß, so vermuten die Wissenschaftler, der Flugsaurier häufiger als heute üblich, auf den Hintern gefallen sein. Deshalb nannte man diese Art auch Arscheopteryx.

Wie kam es aber nun zum Aussterben dieser wunderlichen Gattung Reptil? Es war warm, über die Maßen, teilweise schwül und es soll auch schon Gewitter gegeben haben. Nun, schriftliche Überlieferungen aus jenen Tagen sind leider nicht gefunden worden, aber man kann es annehmen.

Da begab es sich, daß eine Eiszeit anhub, sich dreinzuschicken, sich auf den Weg vom damaligen Nordpol zum Südpol und umgekehrt - es kann auch sein, es war ganz anders - zu begeben. Unterwegs begegnete diese Eiszeit nun aber den Sauriern, die auf ihren Wiesen auf ihre Weise herumtollten.

Nun, die Saurier waren zu dieser Zeit, also damals, noch Eier legende Tiere, was heute kaum noch vorkommt. Das sagt jedenfalls die Legende. Und wenn es also Wärme hatte und Schwüle herrschte, so brütete die Sonne die Sauriereier aus.

Es ist heute nicht mehr recht vorstellbar, wie die Saurierküken in die Eier kamen, war doch die Schale recht hart und dick. Dagegen konnte recht gut geklärt werden, wie sie wohl aus den Eiern rauskamen. Nun, wenn Blitze zuckten und Donner grollte, schlüpften die vielen klitzekleinen Saurierbabies wieder aus den Eiern aus, indem sie von innen die Schale aufsägten, wozu sie mit einer zackigen Hochrippe versehen waren.

Solche zackigen Hochrippen gibt es heute nur noch bei ganz wenigen Exemplaren der Gattung Mensch. Es stellt ein verdeckt rezensieves Merkmal dar. In der Natur bildet sich halt das zurück, was nicht genügend gebraucht wird. Dies sehen wir am Beispiel des Gehirns des Menschen, der immer scheller zum Affen mutiert. Wie Sie wissen: Manche machen sich heute schon selbst zum Affen.

Es bestand nun die Gefahr, daß die Saurier sich recht schnell zu einer riesigen Zahl vermehren würden, so wie es heute der Gattung Mensch beschieden ist. Sie hatten ein sehr kleines Gehirn im Verhältnis zur Körpergröße und waren bald schon mehr als es zu dieser Zeit Affen gab.

Als es nun aber, dank der vorbeiziehenden Eiszeit, begann kälter zu werden, reichte die Sonne nicht mehr aus, die Eier auszubrüten. Die Saurier überlegten nicht lange. Vielleicht kannten sie auch das Beispiel der Hühner. Leider. Als sie sich rücklings zum Ausbrüten der Eier auf dieselben setzten, knackte einem nach dem anderen Ei die Schale und die Saurierrohmasse lief noch vor dem Festwerden aus. Und so kam es mit der Zeit, daß die Saurier ausgestorben sind, als es kälter wurde.

Eine andere Lehrmeinung, die besagt, daß die Saurier einfach zu groß geworden sind, weshalb die Eier bereits beim Legen aus mehreren Metern Höhe zu Boden stürzten, konnte so erstmals wiederlegt - zumindest aber nicht bestätigt - werden, da natürlich bei diesen Stürzen nicht unbedingt jedes Ei zerschellen mußte. Jedoch kann der Gedanke, daß ein nicht geplatztes Ei, zumindest aber einer unheimlichen Erschütterung ausgesetzt war, was möglicherweise zu einer Veränderung der Erbmasse geführt haben könnte, nicht von der Hand gewiesen werden.

Die sich daraus entwickelnden Mutanten findet man auch heute noch. Sie lieben Sauerteig, Sauerkraut, Sauerampfer und leben nach wie vor in der Gegend des Sauerlandes.

Nur Sauerstoff (eine sprachliche Ableitung aus dem Begriff Saurier-Topf, einer kulinarische Kostbarkeit für einen Raubsaurier, wie z. B. vom Typ des „tyranno saurus rex" oder des „tyranno saurus lauberiensis") gibt es nicht mehr genug. Nun, die Wissenschaft fand Reste von Sauriereiern, denen das Zerplatzen glatt anzusehen war. Auch Beinknochen und große Teile von Saurierköpfen.

Diese wurden von unseren Wissenschaftlern häufig zu einem ganzen Gerippe zusammengesetzt. Man nennt dieses Zusammenbauen von Sauriern aus Resten aus Restsaurieren - woraus mit der Zeit der auch heute noch geläufige Begriff Restaurieren wurde.

Die letzten Nachkommen der Sauriere sollen, dem Vernehmen nach, die Restauranten sein. Eine Mischung aus den Resten der Sauriere und den Elefanten.

Und das gibts da manchmal auch als Fleisch zum Essen.

## Bedenklich

Ein mancher hat, läßt er die Hosen runter,
die Hoffnung noch auf große Wunder.

## Die Taube

Lieber den Spatz in der Hand als eine Taube im Bett.

## Wochenblatt

Am Montag fängt die Woche an,
mit Sitzung bei Dei'm Leiter.
Am Dienstag wäre Arbeit dran,
doch Schnaps gibt's und 's wird heiter.

Am Mittwoch hast' Dir vorgenommen,
den Plan noch zu erfüllen.
Doch diesen guten Vorsatz
zerstören Kopfschmerzpillen.

Und Donnerstag wird eingekauft:
Privat vor Katastrophe
und wenns am Freitag Prämie gibt,
bist wieder Du der Doofe.

Dann fragst Du Dich vorm Wochenend,
womit Du das verdienst.
Doch denkste dann an Dein Gehalt,
worauf Du fröhlich grien'st.

## Über den Anteil des Hosenträgers bei der Menschwerdung des Affen

*vorgelegt von Prof. Dr. Dr. Dr. U. Orang*

In einer Zeit, als Wünschen noch half, lebten einst viele Affen und ÄffInnen in den Wäldern und Auen. Sie betrieben mancherlei Afforeien und sie wünschten sich, des aufrechten Ganges mächtig sein zu können. Wie waren sie aber erstaunt, als, sobald sich der eine oder die andere auf die Hinterfüße zu stellen versuchte, sich demselben oder derselben die bis dahin straff sitzende Hose verselbständigte und den damals noch nicht bekannten, aber dennoch wirkenden Gesetzen der Gravitation folgend, nach unten glitt.

Stellte man sich dagegen auf die Vorderfüße, rutschten die Hosen wieder in die Ausgangslage zurück und wenn man nicht aufpaßte, rutschte sie bis über die Ohren, die aber, Gott sei Dank, soweit abstanden, daß an ihnen das Rutschen ein Ende hatte. Das war nun aber Grund genug, anzunehmen, daß die nicht rutschenden Hosen etwas mit den Vorderfüßen zu tun haben könnten und mit den Ohren. Nur was?

Als Folge der Evolution wuchs langsam das Gehirn der Affen und ÄffInnen und auch kam es, daß diese Affen fortan gezwungen waren, mit den Händen entweder ständig die Hosen festzuhalten, sobald sie auf zwei Beinen gehen wollten oder aber, sie ewig hochzuziehen, einer ausgewachsenen Rotznase gleich, die sie schon von früher kannten, oder aber weiter sitzen zu bleiben. Da geschah es, daß einer der pfiffigsten unter den Affen dem Zustand ein Ende bereitete, indem er kurzerhand mit den Vorderpfoten den Hosenträger erfand. Er bestimmte einen der anwesenden zum Hosenträger.

Zunächst war die Erfindung nicht so perfekt, weil nur jeder zweite Affe bzw. jede zweite der ÄffInnnen einen Hosenträger für sich hatte. So lernte einer, dem die Hosen getragen wurden, den aufrechten Gang, während der Hosenträger weiter auf vier Beinen ging und die Hose trug.

Einer, nur einer, sagte in dieser schweren Zeit. "I troag mei Hoasen aloi!". Diese Sturheit war also sprachbedingt. Denn es sagen die Philosophen: Ich bin, weil ich sprach."

Man kennt das heute z.B. aus Bayern. Es war sicher sehr unbequem für den einen, wie unbequem für den anderen, weshalb kurze Zeit später unser weiter vorn zitierter sture Kopf die Hosen tragenden Affen durch ein schlichtes Gummiband aus dem eingetrockneten und sonst als Kaugummi genutzten Saft des Gemeinen Gummibaumes ersetzte. So gemein war der Gummibaum also garnicht.

Seither hielten Hose und Hosenträger, was sie versprachen und die Affen und ÄffInnen konnten fürderhin aufrecht gehen und hatten hinfort beide Hände frei für die Arbeit. Eine Weile sollen sie noch Hosenträger hergestellt haben. Dann sollen sie die Pfoten - dem Vernehmen nach - für weit dümmere Angelegenheiten benutzt haben. Nun war also der aufrechte Gang eine fast direkte Folge der Erfindung des Hosenträgers.

Wie wir feststellen, hatten die Hosenträger auf die Menschwerdung des Affen einen unheimlichen Einfluß. Bisweilen, z.B. wenn ich bestimmte Kollegen sehe, wünsch ich mir, daß es auch einen positiven Einfluß des Hosenträgers auf die Affenwerdung des Menschen gäbe.

## Aus dem Geld der Wissenschaft

Wie von ungewöhnlich schlecht unterrichteten Greisen soeben gemeldet, wurde wieder eine bedeutende Entdeckung gemacht: Die Applikation verschiedenartiger binöser Mobrillen führt bei der gleichzeitigen Anwendung der Kasitronen-zyklonisierung zu einer akadillisten Peteranz der obskuren Motrenatoren, die im Verlaufe sexoganologischer Interjunitialpräterationen zu ungenauen usuratorischen Motrifikationen herausgebildet werden können. Vergißt man die Imbrogliation der prestorablen Restitutionen, so erhält man analog residule Salginome, die immer wieder durch den Verzehr von Rettub-Nemmeb oder Nellust-Struw mit Rieb im Überfluß zur Fettleibigkeit führen können.

Die Attifikation der Kontravenuse der Parallaxe wirkt dagegen genau umgekehrt bzw. reziprok proportional oder so.

Merke (oder: Wie der Lattriner sagt!):

Rov netles uz hcon nemmok romuh dnu gnuuadrev ednuseg.

Gesunde Verdauung und Humor kommen noch zu selten vor.


## Arschau

Die Theorie zu hören,
wir einstmals uns entschlossen.
Da hatte in der Praxis
der Arsch sich schon geschlossen.

## Lichtspott oder ein helles Dunkel

Wo plötzlich Licht wird, braucht
man für den Spott nicht zu sorgen.

Wo plötzlich Licht wird, braucht man
manchmal für den Schrott nicht zu sorgen.


## Hühner, überall nur Hühner

Wenn Henne Erna Hähnchen Fried
auf Hühnchen Wilfried hocken sieht,
wünscht sie, daß der bald runterkumme
von dieser ollen Trottellumme. 2)

Sieht sie den Hahn mit Namen Trut,
weis sie, wie gut der Hennen tut.
Dem Hühnchen steigt der Druck im Blut,
sieht es den Hahn mit Namen Trut. 1)

Doch haut man den bald in die Pfanne!
(Ich glaub', zur Zeit der Weihnachtstanne!)

1)   zutreffendes streichen!

2)   Wenn Sie etwas nicht wissen,
     sollten Sie im Lexikon nachschauen.


## Hühnerlieder

Das ist der alte Suppenhahn,
den grade wir noch huppen sah'n.

Nein, nein, es ist das Suppenhuhn,
das grad wir sah'n noch huppen tun!

Ich glaub', es ist die olle Henne,
mit der ich schon drei Wochen penne.

Es scheint, es ist die alte Glucke,
nach der ich schon seit Tagen gucke.

Schau! Hinter dieser Henne Rücken,
da läuft ein zauberhaftes Kücken.

Eventuell ist's doch der Gockel?
Ich glaub, der nennt sich selber Jockl.

Nee, wenn's der alte Kräher sei,
hätt' er 'ne Henne doch dabei!

Wenn er mit losen Eiern schmiß,
dann wär das Hennesein gewiß.

Ja, einem alten dummen Hahn
hätt's Eierschmeißen weh getan.

Nachdem die Henn' ein Ei gelegt,
der Bauer durch die Küche fegt.

Er holt das Ei, um es zu essen,
was sonst noch war, hab ich vergessen.

Schau ich noch länger auf das Hähnchen,
läuft mir die Spucke über's Zähnchen.

Wenn's Hähnchen erstmal auf dem Grill,
dann kräht's nicht mehr. Dann ist es still.

Doch ist's kein Hahn, sondern ein Huhn,
dann woll'n wir's in die Suppe tun!

Bevor wir uns noch lange streiten,
will ich 'nen Vorschlag unterbreiten.

Am besten wär's, jawohl ich glaube,
wir essen morgen eine Taube.

Ach Gott. Und wenn die trotzdem hört?
Was wär der Eßgenuß gestört.

Dann wär ich wiedermal der Dumme.
Nee. Ich will lieber eine Stumme.

Ach, die ist grade ausgegangen
und will uns einen Broiler fangen?

Nun gut, dann hat es keine Eile,
denn: Gutes Huhn braucht eine Weile!

Erst war das Ei, danach das Dotter
oder auch anders! Scheiß Gestotter.

Ich kriege eine Gänsehaut,
wenn der Gockel sich vorm Huhn aufbaut.

Jedoch auf eine Hühnerbrust,
da hat er heute keine Lust.

Wenn er von Henn' zu Henne springt,
der Bäuerin im Ohr es klingt.

Sie hat seit Tagen große Sorgen:
Kommt Hähnle heute oder morgen?

Der Bauer indes, schön wie nimmer,
treibt's mit der Magd. Bei der geht's immer.

Wenn dann das Küken wird zum Hahn,
den, wie gesagt, wir huppen sah'n,
dann sieht man, der mit dünnem Schenkel,
ist nicht der Hahn, sondern der Enkel.

Auf einem Riesenhaufen Mist
das Federvieh zu Hause ist.

Und wenn's beim Hellewerden kräht,
dann ist es früh und gar nicht spät.

Wenn's Krähn beim Dunkelwer'n erklingt,
man bald zum Schlaf ins Bette sinkt.

Und wenn's im Hühnerstalle kracht,
ist es der Fuchs und auch noch Nacht.

Die Hennen von dem Hühnerhof,
die sind zwar lieb, doch ganz schön doof:

Will's Hähnchen sie mal treten,
dann fang' sie an zu beten.

Will's Hähnchen Körner picken,
dann woll'n sie mit ihm ausgehn.
(Den Reim kann ich nicht ausstehn.)

Ja, Reime auf der Hühner Rücken,
die wollen halt nicht immer glücken.

In England heißt das Hähnchen Chicken.
Und man versucht's mit Speck zu spicken.

**Nun ein letzter Versuch:**

Isst man das Huhn mit frischer Sahne,
wird's dem egal sein, wie ich ahne.

Egal, was der Leser denken wird: Die Hühner waren
jedenfalls von diesen Liedern hellauf begeistert, wie
man sieht. Sie konnten sie nach kurzer Zeit auswendig.

## Frühreif

Kaum das der Hahn die Henne tritt,
bekommt die Zelle d a s  schon mit!
Sie ruft: " Wann wird hier Licht im Saale"
und wirft sich daraufhin in Schale.

Dann fängt die Henne an, zu gackern
und sich beim Legen abzurackern.
Es war die Zelle da, vorm Ei,
seitdem gibt's Neid nur und Geschrei.

Zusatz:
So manche Henne, anstatt sich abzurackern,
hat sich drauf festgelegt, nur noch zu gackern.


## Ungerechte Natur

Die Ungerechtigkeit der Natur läßt sich bereits daran
ermessen, daß man im Gesicht Falten bekommt,
während man am Arsch genug Platz dafür hätte.


## Feuerspiele

Wer mit dem Feuer gespielt hat, kommt selten allein.


## Umweltschmutz

Überall wird die Umwelt verschmutzt
und Du stehst auch hier rum...

## Pflaumenkuchen

Kommst Du mich mal besuchen,
dann gibt es Pflaumenkuchen.
So wie dereinst im Traume,
mit mir als größter Pflaume.

Zusatz:

Der geschätzte Kritiker Marcel Arm-Ab-Iszi
meint in seiner Kritik zum Sonntag:

"Zweifelsohne bringt uns hier der Künstler wieder ein schwer
zu interpretierendes Werk auf den Tisch, dessen Einschätzung
vielleicht aus der Betrachtung des naturalistischen Ansatzes -
die Pflaume als Subjekt und Objekt zugleich - eingebettet in
ein, das Versmaß bestimmendes, Stück köstlichen Gebäcks, im
Verhältnis zum mehr oder weniger idealistisch geprägten
Schluß des Werkes, daß die Selbstbewertung des Autors als ein
- durch einen Traum geprägtes - Erlebnis in einen größeren
Zusammenhang stellt und dadurch den Bogen spannt von dem
Erlebnis eines Besuchs - wahrscheinlich guter Freunde - und
den damit verbundenen aufregenden Träumen, bei denen es
durchaus möglich ist, daß über das Tatsächliche hinaus, auch
Aspekte aus dem Unterbewußtsein, dem Inneren, des Dichters
zu Tage treten.

Ein wirklich bemerkenswertes Ereignis deutscher Dichtkunst,
das die Qualität manches Klempners wahrlich in den Schatten
zu stellen vermag."

Leider hat der Kritiker überhaupt nichts zu dem Sonntag
gesagt, in dem es, folgt man dem Titel der Kritik, gehen sollte.

Nun, vielleicht beim nächsten mal.

## Schwiegermutter

Kommt die Schwiegermutter mit,
kommt das Unglück halt zu Dritt.


## MelonenSong

Ich brauche keine Melonen,
mir fehlt ein Weib nur zum Glück,
denn die ich habe ist
zu dick, zu dick, zu dick, zu dick...

Ich brauche keine Melonen,
ich hab ein Weib nur im Sinn,
doch die ich will ist mir
zu dünn, zu dünn, zu dünn, zu dünn...


## Egozentrisches Liebesleben

Liebst Du mich so wie ich Dich,
liebst Du Dich so wie ich mich.
Lieb ich Dich so wie ich mich,
lieb ich Dich so wie Du mich.
Liebst Du mich so wie Du Dich,
liebst Du Dich so wie ich mich.

Liebst Du mich nicht,
sowie ich Dich,
dann wär es schlicht
Beschiß, nicht?

## Entsäuern

Wird sein, ich hab Dich doch geliebt,
obwohl es kaum Erklärung gibt,
für das, was ich dann später tat.
Doch holte ich mir bei Dir Rat.

Du aber hast mich falsch verstanden,
weshalb wir uns in "Scheidung" fanden,
was ich seit langer Zeit bedauer.
Ach Liebling, sei doch nicht mehr sauer.

## Rückzug

Die Zärtlichkeit, die ich gebraucht,
hast Du nur so dahingehaucht.
Als wär es nichts und keine Gabe,
an der ich mich zu gerne labe.

Die mir einst Kraft gab in der Zeit,
als keine Liebe weit und breit.
Kann sein, ich hab nur nicht gespürt,
welch große Liebe mir gehört.

Kann sein, ich wollte es nicht glauben
und niemandem die Nerven rauben.
So zog ich dann zurück mich.
Und seither bist Du glücklich!?

## Wutzettel

Wenn Du so zurückblickst
aufs beschissene Leben,
das Dir kein Gott,
sondern Muttern gegeben.

Vielleicht auch der Vater
oder der Gasmann,
dann winke nicht ab
und sage nicht: "Laß man!".

Sondern sei ehrlich
und sage Dir laut:
"Was haste nur alles
für Scheiße gebaut!"

Sieh in den Spiegel,
der schmierig und dreckig,
dann nimm einen Ziegel,
lach kurz Dich noch scheckig.

Und schmeiß ihn ins Glas,
mit Kraft und mit Wut -
dann wirst Du schon merken,
wie gut Dir das tut.

Findest Du nichts,
was so aussieht wie'n Ziegel
oder iss'er zu schwer,
dann laß ganz Deinen Spiegel.

Nimm Dir einen Zettel.
Schreib darauf nur: "WUT"
und knüll ihn zusammen,
denn knüllen tut gut.

Doch tu dies nur dann,
wenn Du wirklich sehr wutig.
Man hält Dich ansonsten
für cholerisch, nicht mutig!


## Viel, oh soffen!

Laßt uns doch nun, um Gottes Willen,
noch einmal unsre Gläser füllen.
Es läßt den armen Trinker hoffen,
daß auch die Philisophen soffen.


## Friedensschaffende Maßnahmen

Es tönt der Ruf nach Friedenschaffen,
drum Leute greift zu euren Waffen!
Erschlagt die, die euch einst beschissen
und schert euch nicht um das Gewissen.

Redet euch ein: "Das mußt sein!",
dann wird es zum Bewußtsein.
Wenn einer fragt: "Ist's Schuld nicht?"
Dann wartet nur geduldig!
Braucht euch nicht lang mehr quälen,
müßt nur die andern wählen.

Die sind genauso dumm und dreist,
doch merkt ihr erst, wer wen bescheißt,
wenn es zu spät zum Handeln,
Deutschland nicht zu verschandeln.

## Drohung

Wenn Du mit Deiner Liebe drohst,
dann merk ich schon, daß Du verrohst.
Wie war doch angenehm zu spüren:
"Die will dich sicher nie verführen."

Und nun in aller Früh,
weckst Du mich mit dem Knie.
Dann war die Dusche stundenlang
blockiert und als im Radio klang:
"Es ist nun 5 vor 8!",
hab's Frühstück ich gebracht.

Dann ist es Zeit zum Aufbruch,
weil ich die Arbeit aufsuch.
Die Nacht war kurz. Ich drauf fluch.

Du gingst zur gleichen Stund,
ein Lächeln um den Mund.
Und riefst, ich rannte schon zum Bus,
"He, heute hab ich früher Schluß!

Ich komm so, gegen Sieben!"
Ach wärst Du nur geblieben.

Wenn Du mit Deiner Liebe drohst...

## Bastelstunde: Wir basteln einen Taschenzerstäuber

So, liebe Kinder. Heute basteln wir also einen Taschenzerstäuber. Dafür benötigen wir zuerst einmal Muttis schöne neue Handtasche oder Papas Handgelenktäschchen vom vergangenen Jahr sowie eine scharfe Schere. Damit schneiden wird die Tasche in möglichst kleine, ja sogar allerkleinste Stückchen. Manchmal hilft auch ein Locher von Papas Schreibtisch. Nun holen wir den Staubsauger und zerstäuben blasenderweise, mit dem umgekehrten Ende des Staubsaugers also, diese winzigen Stücke in alle Himmelsrichtungen. So, liebe Kinder, probiert es doch auch einmal. Das war unsere Anleitung zum Basteln eines Taschenzerstäubers.

Viel Freude, liebe Kinder.

## Bekenntnisse eines Gabelstaplers

Will ich die Kisten gabelstapeln,
muß ich erst senken meine Gabeln!
Sind dann dieselben abgesenkt,
die Kisten an 'nen Kran man hängt.
Ja, nicht bereit zur rechten Zeit:
Das ist des Gabelstaplers Leid.

## Aufgegabeltes

Wenn sich der Abwasch türmt zuhauf,
dann fasse Mut und wasche auf.
Zuerst die Gläser, dann die Tassen,
die Teller dann, zuletzt - mit nassen
Händen - Messer, Löffel, Gabeln
kannst Du, sind's viel, auch gabelstapeln.

## Nach dem Betriebsfest

(Eine beinahe wahre Begebenheit)

Nach frohem Fest in ihrer Firma
streben nach Haus das Fräulein Irma,
Frau Hildegard und Fräulein Heide.
Da sehen sie auf linker Seite

'nen nackten Mann im Grase liegen
und wollen schon vor Schame biegen,
herum um eines Hauses Eck.
Doch Neugier läßt sie schauen, keck.

Dann sagt die Hild' zu Irm' und Heiden:
"Es ist der Mann nicht von Euch beiden!".

Und Irma ernst zu Hilde spricht:
"Ich seh', Dein Mann ist dieser nicht!".

Worauf dann Fräulein Heide spricht:
"Auch aus der Firma ist er nicht!".


## Noch 'ne Firmenfeier

Wenn ich nach der Firmenfeier
heimlich in die Büsche reiher,
sollst Du nicht wieder mit mir motzen:
Ich find die Firma halt zum Kotzen.


## Werbung für Mac Duck

1. Einstellung: Kamera schwenkt auf eine Verpackung
   eines BigMac, die von einer Hand eines nicht sichtbaren
   Essers gehalten wird.

2. Einstellung: Kamera schwenkt leicht auf den Fußweg.
   Schmatzende Eßgeräusche. Leichtes Stöhnen. Kamera

schwankt. Kamera erfaßt die nun leere BigMac-Verpackung neben einer mit solchen Verpackungen überfüllten Mülltonne (auch Papierkorb möglich).

3. Einstellung: Kamera geht über in eine langgestreckte Horizontale und wieder zurück. Dabei wird ein Haufen Hundescheiße einmal im Vorwärtsgang schnell und im Rückwärtsgang langsam erfaßt.

4. Einstellung: Kamera geht ein Stück vorwärts und erfaßt einen Haufen Erbrochenes. Reste eines Zechgelages, das dort endete.

5. Einstellung: Kamera schwenkt auf ein Gerippe, daß auf einer Treppe sitzt. Ton setzt ein: "Mac BigDuck macht einfach mehr Spaß ..."

Titelsong der Originalmusik.

Zusatz: Fremder kommst Du nach Hanau, gehe und sieh:

Der Weg zum Bahnhof Hanau-West ist voller solcher Drehbücher...


## Neues vom BND

Lieber einen Schalk im Nacken als am Tegernsee.

Zusatz:
Es kann sich auch um den Stoßseufzer eines
Fleischwerke-Besitzers aus Bayern handeln...


## Begründung

...die Benzinpreiserhöhung war höchste Zeit:
Nun können es sich hoffentlich viel weniger junge
Leute leisten, Molotow-Cocktails herzustellen...

## Verschiedenheit des Anderssein

Irgendwann spricht man von jedem:
"Er ist nun verschieden." Wenn einer
anders ist, kann das in deutschen
Landen ganz schnell gehn!


## Die Hunderttausendsargfrage

Wer's Monopol auf Särge hat,
kann jetzt verdienen, aber satt!
Nur muß er exportieren,
den Markt nicht zu verlieren.

Es bieten in Europa sich
Märkte an, die mörderisch.
Jedoch auch tief in Afrika,
gibt's guten Absatz. Das ist klar.

Auch in Italiens Norden,
wird man bald wieder morden.
Auch fern da in Georgien,
erlebt man Rache-Orgien.

Wer's Monopol auf Waffen hat,
kann jetzt verdienen, aber satt...
Wer's Monopol aufs Geld hat,
bestimmt, wer hungert und wer satt...


## Handwerkskunst

Welch herrlich zisilierter Lauf
hielt dieses Menschen Leben auf!?
Handwerkershirn und Handwerkskunst
genießen lang schon große Gunst.

# Nichts Neues im Osten

Der Staatsbedienstete - kein Held -
braucht immer vieles, meistens Geld.
Verwaltet er Finanzen,
füllt er sich schnell den Ranzen.

Jedoch: da er auch schlau,
nimmt er gern Geld vom Bau.
Indem er Aufträge der Stadt
der Firma übergibt, die hat

ihm einen Obulus versprochen.
Wer spricht da von "bestochen"?
Für Ihn ist unaussprechlich
der Satz: "Ich bin bestechlich."

Doch darf man eins nicht ganz vergessen:
S'sind mehr als hundert hier in Hessen!
Ja, täglich werden's mehr von denen,
die sich noch unbestechlich wähnen.

Wenn Hundert der Beamten
des Wählers Geld verschlampen
und noch mehr in Gedanken
in Unmoral versanken,

Was wundert's noch den Anwalt,
wenn da in Sachsen-Anhalt,
der letzte Dreck des Westen
regiert und sich die besten

Saläre eifrig zuspricht?
Und's Wahlvolk: Ei, es tut nicht!
Nur noch die deutsche Presse,
haut ihnen in die Fresse.

Jedoch die deutsche Presse
haut nur dann in die Fresse,
wenn diese Fresse-Schläge
auch steigern die Erträge.

Oh ja, Du Volk der Steuern,
Du solltest Dich erneuern.
Werd' Kontrolleur und Kritiker
für alle die Politiker!

Moral:
Keine.Jedenfalls nicht bei den Regierenden
und bei der Presse.

Am Gelde hängt, zum Gelde drängt doch jeder!

Zusatz:

Ein jedes Volk wird stets regiert,
von dem, der es geschickt verführt.


**Brechprobe**

Da das Brechen von Versprechen
keinesfalls ein Schwerverbrechen
sitzen unsre Volksvertreter
noch im Bundestag, doch später,

wenn sie ein Gesetz beschließen
das verlangt, sich zu erschießen,
wenn man ein Versprechen brüche,
gäb es allerorten Flüche.

Und das ganze Parlament
geht in Rente, denn es kennt,
das Gesetz in Einzelheiten,
die makaber, ohne streiten.

Gut, daß sie es nie beschließen,
müßten alle sich erschießen.

Zusatz:

Ähnlichkeiten sind rein äußerlich.

## Der Schüttelreim

Er schüttelte den Reim solang,
bis er als Schüttelreim gelang.
Das letzte Wort der ersten Zeile
verschob zur zweiten er in Eile.

Das erste Zeichen dieses Wortes
entfernt und stellt er andern Ortes.
In ganz besonders schweren Fällen,
verschiebt die Zeichen er in Wellen.

Und oft sind es auch Zeichengruppen,
die dann geschwind zur Seite huppen.
Dann dreht den Spieß er wieder um,
nimmt aus der ersten Zeile stumm,

ein Wort, das nicht ganz hinten steht
zur zweiten Zeile. Übergeht
jedoch das Wort, das schon geschoben,
und fängt von vorn an. Siehe oben.

## Übertrieben

Zu kühlen meine Weichteile,
ich läng're Zeit im Teich weile.
Will nicht darüber wehklagen,
daß wir zu lang im Klee lagen.

## Attilas Trick

Zu steigern der Reiterei Reichweite
man Fleisch unterm Sattel sich weich reite.

Zusatz:
Auch genannt: Etzel, der Hunnenkönig.


## Relativ schlank

Schlank sei er, sagt man vom Wettfahrer.
Ich hab ihn gesehn und sag: „Fett war er".


## Watten? Mehr?

Nach fünf Korn von der Waterkant
sich Dieter früh mit Kater wand'.
Im ist als ob das Wattenmeer
gefüllt mit lauter Matten wär'.


## Unterdrückung

Versteck mich hinterm Zierpfeiler
und schreibe schnell den Vierzeiler,
denn klappert erst der Türriegel,
kommt die Alte mit dem Rührtiegel...

Zusatz:
Die Unterdrückung der Dichtkunst ist allgegenwärtig.


## Gebt dem Saarland einen Oskar

Politiker von der Saar wagen
sich öfter mal ans Wahrsagen.

## Festivalstimmung

Beim Festival der Lieder sang
der Dieter einen Zwiegesang,
der ihm *allein* so gut gelang
daß dies ihm glatt zum Siege zwang.

Zusatz:
Verdammt, wer ist Dieter?

## Zahlwahl

Lieb' Volk, wie wirst Du weiter zahlen,
wenn erst vorbei die Zeit der Wahlen...

## Schützenfest

Trifft er von fern ein Mützenschild,
stimmt dies den Bogenschützen mild.
Trifft er ins Ziel auf dreißig Meter
stolz hin zum Publikum sich dreht er.

Doch unterm Mützenschild
schwört - bebend leise -
ein Mensch, daß er
- dies überlebend - beiße.

## Heimtückische Krieger

Getarnt als kleine Trachtengruppen
marschieren ein in Grachten Truppen.

## Der Schauspieler

Der Schauspieler im Rampenlicht
sich oft nur nach den Lampen richt'!
Nervös will er den Putzlappen
an das Kostüm von Lutz pappen.


## Scheißjob

Laß uns nur weiter Säcke tragen
und nichts dem Chef vom Drecke sagen.


## Ewig pumpt am meisten

Der Zaster, den ich mir geliehen,
der wird als Laster mir geziehen.


## Frühlingsfrage

Willst Du Dich nur der Liese wegen
allein auf diese Wiese legen?


## Zwiebel

Was hab ich nur für'n ollen Bauch?
Das kommt wohl von den Bollen auch!

## Angler-Latein

Beim Angeln sind für Rechtshänder
zu fassen leicht des Hechts Ränder.
Mit diesem gefangenen Reichtum
rennt der Angler um den Teich rum.
Wie gut war doch das Sachbuch,
das schrieb: "Den Hecht im Bach such!"

## Undank

Weil ich Dir zehn Mark leih bloß,
gehst Du auf mich mit Blei los?

## Erotik pur

Verzeih, daß ich Dir ans Bein faßte,
nur weil es mir so fein paßte.

## Bedürfnisgebühr

Nur einmal pinkeln eine Mark?
Das ist, so wie ich meine, arg!

## Sorgenmorgen

Ich wollte, all die Sorgen mein,
sie könnten fort am Morgen sein!

## Der Lenz

Die Liebe ist oft grenzenlos,
vor allem doch im Lenzen groß.

## Schicksal

Die Zukunft läßt uns alles hoffen,
noch ist das Schicksal Halles offen.

## Dauernd nur Konserven

Zum Liebesdinner kamen Dosen,
bevor wir mit den Damen kosen.

## Das alte Leiden

Es gibt mit mir nun - Gott sei Dank -
nicht die geringste Chance zum Zank.
Erst recht wohl nicht zum Streiten!
Ich kann mich halt gut leiden.

## Fleischbeschau

Für meine kleinen Sünden grad'
ihr hier die meisten Gründe sah't.

## Urlaub in den Bergen

Es ist, weiß Gott, schon lange her,
da war's an diesem Hange leer.
Doch jetzt kommen, um Schi zu fahren,
die Urlauber, wie Vieh, zu Scharen.

## Der Sportsmann

Kaum einer, der gern ringt und taucht,
in seinem Leben trinkt und raucht.

## Pferdesport

Für'n Hengst kam eine gute Stunde,
als er bestieg die Stute Gunde.


## Tierfabel

Ein Adler meint, des Raben Leiche
für's Abendmahl zum Laben reiche.


## Der Dichter fühlt, was kommt

Auf diesen Reim gibts ohnehin
nur Lachen noch, zum Hohne ihn.


## Das Weihnachtsgeld

Es ward gekürzt Dein schönster Lohn,
was Dich nun streiten läßt.
Wenn Du auch leidest, Leiden streßt,
auch wenn es stimmt: Du löhn'ster schon.

Der Rest des Geld's reicht bestenfalls
für den Erwerb 'nen festen Balls.

Zusatz:
Nun, dies stimmt dann doch bedenklich.
Aber man muß hier halt des Sächsischen
mächtig sein.

## Deftige Wünsche

Am besten wär's, wenn beide Hände
man mir ans Dekolleté der Heide bände.
Sie hat ihr wohlverpacktes Herz
am rechten Fleck,
weshalb ich gerne mich im Scherz
nach ihren blonden Flechten reck.

Zusatz:
Das könnte man, zusammen mit einer
Almdudler-Limonade, gerade noch ertragen.


## Der Pornostar

Der Pornostar - zum Beispiel eben -
konnt' nicht sehr lang beim Eispiel beben.


## Architektonisches Schloßgespenst

Es konnte sich zum Spuk gestalten,
was grad' ich noch für Stuck gehalten.

Zusatz:
Ein nicht ganz echter Schüttelreim, ohne Zweifel,
doch die gespenstische Metamorphose war es sicher
Wert, festgehalten zu werden, trifft man sie doch
heute immer seltener und wenn, dann vielleicht nur
noch in alten englischen Schlössern.

## Kriminales

Der Kommissar den Faden spinnt,
als er des Diebes Spaten find'.
Er würd' den Täter gerne fassen,
doch der läuft schon durch ferne Gassen.
Nur ein Gendarm, an den er - aus Versehn - geriet,
der war's, der Ihn dann - kaum gesehn - verriet.

Zusatz:
Wird fortgesetzt.


## Landgier

Von dieses Bauern Ländereien
würd' ich mir gern die Ränder leihen.


## Radfahrender älterer Mensch

Du fährst noch Fahrrad, alter Knabe?
Doch langsam tu's, mit kalter Nabe!

Zusatz:
Geht grad so. Abwarten!

## Faltenfrei

Weswegen wir zu Fetten halten?
Man sagt, die Dürren hätten Falten!

Zusatz 1:
Muß nicht sein, genau wie der folgende
Spruch:

Wie muß ein Frauenhintern sein?
Möglichst faltenfrei und trittfest.

Zusatz 2:
Ein kosmetisches Mittel gegen Falten,
das keine Wirkung hat, kann man solange
benutzen, bis das Geld alle ist.


## Sehfehler

Aus weiter Fern', die Mauerblümchen,
sah'n aus, wie'n Haufen blauer Mühmchen.

Erklärung:

| Mühmchen | = | kleine Muhme |
| Mauerblühmchen | = | kleine Mauer mit Blümchen oder kleine Blumen mit Mauer oder was? |


## Militäreinsatz

Nach dem verspeist die Trockensuppen,
machen sich auf die Socken: Truppen.

Zusatz:
Unmöglich.

## Pyramidenbau

Die Sklaven fielen um.
Sie trugen Riesenlasten.
Die Aufseher, nicht dumm,
sie ließen rasten.

Zusatz:
Unvollendet


## Erotik pur

Es steht Gefahr, mit leichten Sinnen
zu wälzen sich im seichten Linnen!

Zusatz:
Könnte noch was werden.


## Schädlingsbekämpfung

Insektenspray ich habe schon
benutzt, doch lacht die Schabe hohn.
Zum Mittel, das mir Dieter wieß,
sagt sie nur kurz: „Schon wieder dies?"

Zusatz:
Na gut. Wer ist eigentlich Dieter?


## Trauer

Ach - manche Menschen weben's leise:
Ihr Leichentuch, mit ihrer Lebensweise.

## Des Maurers Lotblei

Gebricht dem Maurer es am Blei,
er sich ein Stück vom Fleische leih.

Daß wir den Bau in Reihe fänden,
nimmt er ein großes Kotelett.
An eines Bandes freien Enden
er dieses dann zum Lote kett'.

Zusatz:
Man muß sich nur zu helfen wissen.


## Studentenunruhen

Der Physik-Dozent für Wärmeleiter
doziert nicht bei dem Lärme weiter.


## Heraldik

Zur Herkunft von dem Wappentier
im geistigen Dunkel tappen wir.


## Behauptung

Das kann mir keiner widerlegen!
Er dichtet blöder Lieder wegen.


## Vorsicht

Ich sah, das Holz ist wurmstichig,
deshalb vom Baum bei Sturm wich ich.

## Reim mit typisch sächsischer Wendung

Am Meer umspült den Strand de Gicht.
Das zwingt den Dichter zum Gedicht.


## Zoll

Der Reisende an Grenzen,
will nicht in vollen Zügen,
sich gern dem Grenzbeamten
und dem Verzollen fügen.

Zusatz:
Nochmal nachdenken.


## End-Sorgen

Laßt uns - am besten morgen -
Atommüll schnell entsorgen.
Schafft fort ihn, zu den Russen.
Plan't Reisen hin, in Bussen.

Und strahlend kommt zurück,
wer teilhat an dem Glück.
Es blieben ihm verborgen
der Anderen Endsorgen.

Zusatz:

Ja, Reime um des Reimes Willen,
können leicht den Inhalt killen.
Doch kann man in der Zeitung lesen:
Für hundert Dollar dabeigewesen...

## GATT-Verhandlung

*D e n* Manager zum Held wandel,
der Ordnung schafft im Welthandel!


## Bundesbankpräsident

Mit den Milliarden - meinen Acht -
werd' ich euch zeigen meine Macht.

Zusatz:
Das ist natürlich kein Schüttelreim im dichterischen
Sinne, aber man schüttelt sich, bei dem Gedanken...
Deswegen: Schüttelreim.


## Steuer-Erklärung

Was ich sehe, weit und breit,
ist nicht recht Solidar-Bereit.
sondern nur darauf bedacht,
zu erhalten seine Macht.
Oder, so man die nicht hat,
sie zu holen und das satt.

Menschenliebe, die gepredigt,
ist ganz allgemein erledigt,
wenn auf einer Spendenquittung
die Pauschale (gut bei Splittung!),
angegeben ist und man
endlich ruhig schlafen kann.

## Ritter Fips, eine Legende wird belebt

*(Lied mit auswechselbarer Moral, wie im richtigen Leben!)*

Ritter Fips, sehr arbeitsam,
desbalden in die Jahre kam,
da er sein Schloß allein verwaltet
und auch sein Geist - fürwahr - erkaltet.

Nahm einst ein Fräulein auf die Burg sich
und sprach zu ihr: „Gleich ich erwurg Dich,
wenn Du nicht flugs die Rüstung ölst
und hier noch lange mit mir nölst."

Da hob das Fräulein an zu putzen.
In seiner Rüstung konnt nun trutzen,
der Ritter Fips als Herr in Eisen
und ach, er sprach: Ich will nun reisen.

Will ferne Länder unterdrücken.
Und lies sich lange dann nicht blicken.
Sehr spät erst Fipsen kam zurück
mit lahmen Pferd und wenig Glück.

Hat viel gesehen in der Ferne,
doch's Burgfräulein hat andres gerne.
Es traf beizeiten - schon im Winter -,
den Ritter mit dem Namen Ginter.

Der war aus Klugheit dageblieben
und konnte so das Fräulein lieben.
Er trieb das Spiel noch etwas weiter:
Erklomm ihr Fenster mit der Leiter!
Erst an dem Mund mit Küssen hang er
und später wurd' das Fräulein schwanger.

Da also kommt zurück der Fips.
Er hat den Arm auch noch in Gips,
dieweil er Prügel einst bezog,
als er die anderen betrog.

Er sieht ein Knäblein in dem Bette,
das seiner Gattin ist und hätte,
den Gipsarm einmal ausgenommen,
beinahe großen Zorn bekommen.

Denn er zog aus, im Monat März.
Verließ sein Schloß und auch sein Herz.
Er kam zurück als Sommer war.

Hat nun gerechnet. Um ein Haar:
„Wenn's Knäblein heute wär ein Jahr...?"
Fast hätt er es noch getroffen.
Dann hat er sich jedoch besoffen.

Und andern Tages, noch mit Kater,
ruft er zuerst den Psychiater.
Dem fiel nur ein: "Moment mal:
„Hier Fips, setz' Dir ein Denkmal!".

Darauf hat Fipsen nachgedacht.
Das dauerte die ganze Nacht!
Und hat dem Kind, das nicht von ihm,
den Namen "Junker Stips" verliehn.

Moral:
Wenn oft man in die Ferne schweift,
wird man vom Fräulein eingeseift.

Oder:
Wer in die Ferne zieht, muß wissen,
zuhause wird er angeschissen.
Oder:
Des Ursprungsautors Recht am FIPS,
umgeht man nur mit etwas Grips.

## Stips überprüft die Volksweisheiten

Des Volkes Weisheit - groß und alt -
macht nicht vor Stipsens Küche halt.
Man sagt, die Sauberkeit der Küche,
sei, abgesehen der Gerüche,
so daß vom Küchenboden man
getrost - weil' sauber - essen kann.

Genau so hat's der Stips gehört
und weil er auf's Gehörte schwört,
so hat die Krumen, Krümel, Reste
er hingeworfen für die Gäste
auf seiner Küche glatten Boden.
Dort konnten Essen die Chaoten.

Merke:
Die Volksweisheit stimmt.
In einer Küche kann man vom
Fußboden essen, wenn genügend
Essbares dort hinterlegt wird.


## Junker Stips und der Camp-Ing.

Junker Stips im Urlaubsfieber
hat nichts so sehr, wie Urlaub lieber.
So packt er Zelt und Liegestuhl
und fährt zum nächsten Schwimmingpool.

Mit Pferd und Wagen fährt er hin.
Hat einen Platz für's Zelt im Sinn,
wo unter dichten Eichenbäumen
er kann vom Sonnenaufgang träumen.

Beim Camping gilt's, in allen Fällen,
zunächst das Zelt mal aufzustellen.
Schnell ist entleert der Leinensack,
den grad noch trug Stips Huckepack.

Denn Wagen und auch Pferd verbleiben
auf einem Platz im Park. Sehr eigen
hat Stips d i e Regel anerkannt
und diesen Parkplatz dann genannt.

Voll Ungeduld entpackt er hastig
des Zeltes Sack der rückenlastig.
Da, an des Zeltes Leinewand
klebt ein Papier. Auf diesem stand:

"Nimm erst die beigefügten Stangen
und stell sie aufrecht. So gelangen
die Winkel für das Zeltgestänge
in eine Lage, daß gelänge,
sie miteinander zu verbinden."
So tat dies Stips. Es war ein Schinden.

"Dann leg auf dieses Blechgerüst
das Zeltteil, das am längsten ist.
Das kürzre Stück vom Leinenzelt
ist für den Eingang hergestellt.

"Dort trittst Du ein und richtest zügig
des Zeltes Dach, das sehr gefügig."
Geschrieben stand noch: "Steht das Dach,
schau in dem kleinren Beutel nach!"

"Nimm Dir die Heringe zur Hand
und schlage sie mit Hammers Kant',
so wie sie sind, neben dem Zelt,
direkt ins Erdreich, auf das hält
Dein edles Urlaubsdomizil,
wenn's stürmt und regnet gar zu viel."

So öffnet also Junker Stips
den Heringsbeutel, doch sein Grips
fühlt sich betrogen von dem Lesen,
denn nicht ein Hering war gewesen!

Und nach den rostig' Eisenstücken
wollt Stips sich keines Falles bücken.
Anders als sonst der Stips beschließt:
"Das Zelt bleibt halt so, wie es ist."

Anderntags geht Stips mit Angel,
dieweil ihn stört der Heringsmangel.
Er angelt einen Aal ganz glatt
und nimmt Ihn an des Herings statt.

Nach drei, vier Schlägen ist der Aal
dahingegangen ins Jammertal.
Ach, denkt sich Stips, hätt ich 'nen Barsch,
der wär vielleicht noch nicht für'n Arsch.

Moral:
Gebrauchsanweisungen mit Fehlern
können Urlaubsfreuden schmälern.

Oder:
Ein Beipackzettel vermeidet nicht immer
Unglück, Pein und großen Jimmer.


**Junker Stips und der Wunsch**

Den Ritter Fips macht sehr betroffen,
daß viele seines Volkes soffen.
Auch war'n des Suff's gemeine Mächte
hineingefahren in die Knechte.

So hat man sie, es sei verziehen,
der ew'gen Völlerei geziehen,
der Geldverschwendung, Kungelei,
der Amtsverfilzung und derlei.

Doch zu dem Suff der Knechte kamen,
die Steuern, die sie für sich nahmen,
die Fipsens Volk, ob jung, ob alt,
in jedem Jahr vorausgezahlt.

Davon, zum allergrößten Teil,
die Knechte lebten so wohlfeil.
Also in aller Not der Fips
berät sich mit dem Junker Stips.

Der hatte auch schon, tiefgerührt,
von den Verfehlungen gehört,
die auf der Knechte Kerbholz gingen
und seinem Volke Armut bringen.

Ganz teuflich: Die Beamtenknechte
erliesen für sich neue Rechte,
daß weder Fips noch Stips durchschauten,
ob's Geld verdienten sie, ob's klauten.

Auch jeder Knecht, ward er entlassen,
konnt' vorher in die Kasse fassen!
Ja, einer mußt' selbst Aktien kaufen,
um finanziell nicht abzusaufen.
Ein Zweiter rechnet selber aus,
was er verdient. Es war ein Graus.

Ein Dritter macht gar weite Reisen,
um Ritter Fipsens Land zu preisen.
Reist in die Nähe großer Wälder,
privat, jedoch für Steuergelder.

Ein andrer läßt sein Heim sich putzen,
und kann dem Amt noch Geld abtrutzen.
Und wieder Einer übergibt
'nen Auftrag nur dem, den er liebt.

Zuletzt noch schießt ein Toter sich
in seinen Kopf  oder auch nicht.
Es läßt manch Knecht ins Kraute schießen,
das auf 'nem Bahnsteig steht, wie diesem.

Das Volk rief schon:" Die Rechte her!
Wir wollen keine Knechte mehr!"
"Doch - wie im Land soll't Ordnung bleiben,
wenn wir es damit übertreiben?"

So dachte Stips und überlegt,
ob er den Wunsch, den er gehegt,
dem Fips zur Kenntnis bringen sollte
und auch, was wär, wenn der ihm grollte.

Er geht zu Fips, spricht bei ihm vor.
"Herr Ritter", fängt er an, verwegen,
setzt ein Bein vor und fort - verlegen - :

"Bis heut' wird bei Gebrechlichkeit
und nicht schon bei Bestechlichkeit
entlassen jeder Knecht:
Und doch wär letzt'res Recht."

Wohl angehört hat Fips die Worte,
denkt drüber nach, auf dem Aborte
und spricht zu Stips: "Mein lieber Junker,
bestechlich sind - mit ein paar Klunker -
das ganze Volk und alle Knechte.
Ich find: Das wär wohl nicht das Rechte."

"Denn würden alle wir entlassen,
die ständig in die Kassen fassen,
alleine müßten wir regieren,
drum muß ich Deinen Wunsch negieren."

"Viel besser kann den Staat erneuern,
wer öfter steigert all die Steuern.
Das stimmt dann zwar das Volk betrüblich,
doch es wird zahlen, so ist's üblich."

Moral:
Statt durchzusetzen, das was Recht,
der Fips will Frieden mit dem Knecht.
Das arme Volk bleibt außen vor.
Es ist so dumm, wie eh' zuvor.

Zusatz:
Wird zur Zeit fortgesetzt! Mal sehen, wie lange es noch geht.

## Junker Stips wieder liquide!

Vor kurzem noch ganz mittellos,
hat Stips'en jetzt "a little" Moos.
Nicht, daß dies ihm Knecht Rotter lieh!
Nein: Ein Gewinn der Lotterie!

## Junker Stips und das schnelle Aus
## der Weihnachtkerzen

Dem Junker Stips ging sehr zu Herzen
das schnelle Aus der Weihnachtskerzen.
Er wußte noch, vom Jahr davor,
als Eis an seinen Fenstern fror,
daß so ein ganz normales Licht,
fünf Stunden brennt, eh' es verlischt.

Jedoch zum Fest in diesen Jahr
bereits nach zweier Stunden war
das Kerzlein ganz verschwunden,
das er so schön gefunden.

Betrüblich war dies Phänomen
und Stips versucht es zu versteh'n.
Er eilt, zu rufen seinen Knecht,
daß der ihm eine neue bräct.

Und aus dem Jahr davor ein Stück,
das zufällig noch blieb zurück,
von einem alten Kerzenstumpf
und wie er's sah, da wurde dumpf
in seinem Kopf Verdacht erregt,
daß man beim Kauf ihn reingelegt.
Nun prüfet Junker Stipsen gründlich
der Kerzen Umfang. Beide. Mündlich.

Und er stellt fest:" Im vor'gen Jahr
der Kerzenumfang größer war!".
Weshalb sie nicht so schnell verloschen.
Fast hätte er den Knecht verdroschen.

Doch voller Angst sprach dieser mutig:
"Schlag mich heut' nicht schon wieder blutig.
Bedenk nur eins: Wenn alle sparen,
muß man mit Kerzen so verfahren!"

Es spart das Wachs der Produzent,
was man ja allerorten kennt.
Und Ihr spart all die viele Zeit,
die Ihr im Vorjahr so bereut.

Als ich Euch wartend vorgefunden,
auf's Aus des Lichtleins, viele Stunden.
Auch hat den Docht man so gemacht,
daß nun noch schneller brennt die Pracht."

Das hat der Stips dann wohl begriffen.
Hat's linke Auge zugekniffen.
Er hat gesprochen, wenn auch leise,
den nächsten Satz, der sehr, sehr weise:

Die Kerzen werden dünner, immer
ist nur der Produzent Gewinner,
so isses, wenn der Konsument
beim Einkauf wie im Leben pennt.

## Junker Stips und die Einbrecher

Junker Stips hat sehr gelitten,
wenn and're sich ums Erbe stritten.
Damit ihm dies nicht wiederführe,
spricht er für sich der zweier Schwüre.

Nie sollst Du Geld und Gold besitzen
in größren Mengen, die Dir nützen.
Auch habe fürderhin ein Faible
für wenig Stil und wenig Möbel.

So kann man Dir bei Lebenszeiten
nur Deinen Geist, nicht Reichtum neiden.
Dann hat er sparsam sich möbliert
und manchen Gast damit schockiert.

Doch vor der Burg des kühnen Stips,
da lebt das Volk mit wenig Grips.
Das Schicksal mit den finstren Mächten
verbarg dies Volk des Stipsens Knechten.

Es stand der Sinn dem Volk nach Reichtum
als wären's Ölscheiche mit Scheichtum.
Zur Burg sie unverholen schlichen
ums Gold vom Junker zu erwischen.

Wie weiter vorn schon dargestellt
war Stipsens Reichtum nicht das Geld.
Nicht Gold, nicht Silber, nichts von Wert
gabs für das Volk, das dies begehrt.

Nur noch ein Ring war im Besitz
und auf der Burg von Junker Stips.
Das böse Volk der Einbrecher
ging also aus, beinahe leer.

Das Schloß am Tor, es war erbrochen
doch hat es nicht so stark gerochen,
wie, was das Volk erbrochen hat,
als es vom Alkohole satt.

Durchwühlt der Trutzburg Zimmer waren,
sah'n aus, um aus der Haut zu fahren.
Die Betten und der Schränke Innen
lag außerhalb - selbst feinstes Linnen.

Nun rief der Stipsen nach den Knechten,
damit die schauen nach dem Rechten.
Man hat ein Protokoll geschrieben,
für das was fehlt, stark übertrieben.

Dann hat ein Knecht ihm noch berichtet,
daß Diebe selten nur gerichtet.
Pro Tag entstünden große Kosten,
soll'n Diebe in der Zelle rosten.

Nimmt man in Haft ihn, sind Achthundert
Mark nicht zu viel! Was Stipsen wundert.

Doch hat er dann den Knast besichtigt,
und war derob sehr schnell beschwichtigt.
Vom Feinsten war'n die Doppelzimmer,
zwar klein, doch rein, mit güldnem Schimmer.

Ja, alles, was im Leben man
ganz allgemein gebrauchen kann,
das gab's für jeden dieser Knaster,
selbst alles, für die alten Laster.

Nur wenn von hohem Wert geklaut,
den Dieb man in die Zelle haut.
Doch wer ganz groß beschissen hat,
bekommt ein Amt bei einer Stadt.

Da hat der Stips sich eingestanden:
"Es war sehr schlecht, daß sie nichts fanden.
So kann das Volk der Diebe nicht
den Kerker seh'n, der schön und schlicht.
Freiwillig wird sich's nicht bequemen,
die Zellen in Besitz zu nehmen."

Moral:
Undank ist des Volkes Lohn,
bekommt es nichts zu klau'n, mein Sohn.


## Stips geschüttelt

Der fahle Mond warf Schatten mit,
als Stipsen auf die Matten schitt.
Seit's auf der Burg an Ratten litt,
er nur noch über Latten ritt.

Beim Reiten über Latten litt
der Darm von Stips im Schatten mit,
weshalb er auf die Ratten schitt
und siehe vorn, igitt igitt.


## Junker Stips und die Blondinenwitze

Stips konnt, bei seinem Seelenfrieden,
niemals Blondinenwitze lesen.
Er hatte Lesen nie gelernt hinieden
und ist sehr lang selbst blond gewesen.

## Zukunftsaussichten eines Kannibalen

Du hast doch heut als Kannibale
kaum Chancen noch auf das normale.
Zum Frühstück, Mittag, Abendessen
kannst Du fast nur Verseuchtes fressen!

Und wenn man erst die Gene clont,
von dem, was Du als Mahl gewohnt,
dann wirst Du selber Dich vernichten,
weil alles gleich, in den Gerichten.

Du warst so vielseitig ernährt,
mal süß, mal sauer, mal verkehrt,
mal viel zu heiß, mal viel zu kalt.
Nur mit den Clonen wird es halt
für Dich ein sehr viel kürz'res Leben.
Widme *d e m* Forscher *all* Dein Streben!

Zusatz:
Ach, Kannibalen gibt es nicht?!
Nur Clone noch und noch in Sicht!...

## Kulturamtsmitwirkende

Im Amt gelingt es Hinz und Kunzen,
- mit wenig Geld - Kunst zu verhunzen.

## Fernsehen, die 1.

Ein fahles Mondlicht scheint hernieder.
Es ist die Zeit für Zombies wieder.
Da kriechen, die als Tod wir glauben,
hernieder, uns den Nerv zu rauben.

Schon kurz nach zweiundzwanzig Uhr
holt sie das Fernsehen hervor,
obwohl erst Mitternacht die Stunde,
in der sie dürfen in die Runde.

Dann folgt der Film, ein Graus', langweilig,
denn Zombies haben's auch nicht eilig.
Und weil begrenzt die Sendezeit
für Horror-Zombies, landesweit,

da streckt man noch die dummen Bilder
mit Werbung, auf daß die uns schilder',
was wir denn alles noch so bräuchten,
an Dingen. Auch von den verseuchten.

Wenn einer Nachts die Zombies fernsieht,
kauft er Verseuchtes, was man gern sieht.
Klappe.


## In der Weite des Weltall

Ganz weit hinten im All, da wo's keiner sieht,
da lieben sich zweie und sind sehr bemüht,
sich doch noch zu kreuzen, so ganz auf die Schnelle.
Sie heißen "Gerade" und sind Parallele.

Es krümmt sich der Raum: Seine Masse wird schmerzen!
Die Galaxienspiralen sind doch nicht zum Scherzen.
Das drehende Taumeln, das der Raum noch vollführt,
wird oft durch schwarze Löcher gestört.

Die Geraden spazieren, nachdem sie sich schnitten
auf der Milchstraße lang, bevor sie sich stritten.
Sie entfernten sich schnell, war'n sich nicht mehr gewogen,
denn sie fühlten sich auch hin zur Masse gezogen.

Paradox im Vergleich zu den Regeln der Welt
sich jede gewählte Regierung verhält.
Statt hinzustreben, zu treffen die Massen,
krümmt sie sich nur, um in die Kassen zu fassen.


## Gleichnis

Wenn Du denkst, daß Dir dieses oder jenes
möglicherweise theoretisch relativ gut täte,
dann ist das auch eine Art Relativitätstheorie:
Die Relativi-Guttäts-Theorie.


## Unendlich

Da, wo sich Parallelen schneiden,
so meint's die Theorie,
da wär der Zeit Maß sehr bescheiden,
ja sie verginge nie!

Nur müßte, wer's erleben will,
mit hohem Tempo eilen.
Ich liege lieber hier ganz still
und möcht bei Dir verweilen.


## Ein Stein

"Rings um uns ist der Raum schief.",
denkt Albert, der dann "Schaum!" rief.
Wollt sich des Kopf das Haar glätten,
bis alle den Gedanken klar hätten.

Zusatz:
Üben Sie den Duktus in den Straßen Timbuktus.

## Wahlbetrug in jeder Form

Früher waren nur die Wahlen im Osten politisch geschönt. Heute werden nur noch die politisch geschönten im Westen zur Wahl zugelassen. Fazit: Im Westen nichts Neues.

## Aus dem reichen Schatz der Volksweisheiten

Heute zum Thema:        Zu dumm zum Absahnen

Wir erklären das Sprichwort:        Ehrlich mährt am längsten.

Erläuterung:
"Ehrlich" entspricht in etwa "nicht unehrlich". "mährt" entspricht in etwa "mehren", "rummehren" .Das ist nicht das Gegenteil von "Rum verwenigen" also "Rum trinken" sondern entspricht mehr dem üblichen sächsischen "lahmarschich sein", "nicht aus dem Knick (Knie) kommen", "keinen Hüftenreiz verspüren" (Koseform von "nicht aus dem Arsch kommen"), "langschemelig sein" (was man mit "auf die lange Bank schieben" übersetzen könnte ...usw.).
Aber: Gottverdammt, was ist eigentlich "Absahnen"?

Zusatz:
Typisch: Die Sachsen.

## Die große Politik

Für manchen gilt die Oktoberrevolution heute nur noch als rektale Ovolution. Und er meint, daß deshalb das aus dieser Verbindung geborene bzw. gelegte Ei eines des großen Windes war. Ein Windei. Es scheint nach wie vor die Befruchtung des Menschen mit humanistischem Gedankengut nicht recht zu funktionieren.

## Kleine Sexualkunde. Teil I

*I. Sodomaso*
Willst Du den Sadomaso liebhaben,
mußt Du ihn mit einem Hieb laben.
Ja, manche wollten losschlagen,
als sie auf Deinem Schoß lagen.

*II. Voyeurismus*
Nun, der Voyeur nur - geckenhaft -
auf Dich durch dichte Hecken gafft.

## Wertmaßstäbe

Den letzten Dreck in diesem Land,
den hat man als Verstand verkannt!
Noch weniger die Liebe gilt.
Man hat sie längst schon "overkilled".

## Kurz vor'm Sumpf

Du fielst in eine Jauchengrube
und stehst nun drinnen bis zum Kinne.
Da naht er schon, der böse Bube
und macht noch Wellen, Arg' im Sinne.
Welch' äußerst schlechte Kinderstube!

Mein Tip: Wenn Du bis zum Hals in der
Scheiße stehst, laß den Kopf nicht hängen.

## Im Sumpf

Wem wundert's, wenn dem, der ständig
nur im Sumpf agiert, Gestalten begegnen,
mit Schlamm im Maul und Eiter geifernd?

## Kleine Sexualkunde II

### Aus der Bondagen-Bewegung

Heute wollen wir das Hänslein schnüren,
Lachen, Lust und Frohsinn schnürt Ihm ein...

## Vers-Sicherung

Ein Vers, nun ja, stand ziemlich dumm
allein auf dieser Seite rum.
Nach einem zweiten rief der Doofe,
so wurden sie zu einer Strophe.

Es ist für einen Vers allein
das Leben doch recht schwierig.
Deshalb ist er - zu zwein zu sein -
von Anfang an recht gierig.

## Skelette, überall

Paß auf, Du deutscher Vollidiot!
Du wirst von 'nem Skelett bedroht!
Hast Deinen Reichtum und Dein Geld
gescheffelt in der Dritten Welt.

Jetzt kommen die, die nichts mehr haben
und bitten nicht um milde Gaben.
Nein, sie bestehen darauf zu Recht,
das einzutreiben, was sie geblecht.

Doch gibt's zur Sorge nicht Auflassung.
Du änderst einfach die Verfassung.
Da steh'n sie draußen vor dem Tor
und bleiben arm, wie eh' zuvor.

Nur ein Problem bleibt gegenwärtig:
Die, die nichts haben, machen fertig
den Handel und die Industrie.
Denn wer nichts hat, verbraucht auch nie
das, was er so zum Leben brauch!

Erst stirbt vor Hunger er und dann Du auch.


## Das Original: Ziegelei

Eine Ziege die stand dumm
alleine auf der Wiese rum.
Sie rief 'ne andre sich herbei
und gründete 'ne Ziegelei.

Zusatz:
Irgendwo gehört!
Aber nachdenklich stimmend.

## Ölschinken

Einen Ölschinken besonderer Schönheit
stellt uns der Künstler heute vor.

**Ölschinken**     T. Stys d.Ä.
Technik: Aquarell in Datei inclusive Thomys Frisch-Öl
eigentlich in Farbe, aber...
*) d.Ä. ... der Ästhet

## Grau, lieber Freund, ist alles Haar

Die alten Haare wurden grau
und man begann sie auszuraufen.
Ja, neue wuchsen Dir nicht nach,
drauf laß uns einen saufen.

## Sprichwort

Je schöner der Abend, umso blöder die Gäste.

## Amtliches

Die Beamten vom Katasteramt
haben das ganze Kataster verschlampt!
Wenn ich am Amt vorüberloofe,
seh' ich die ganze Katasterstrophe.

## Skatspielers Rückzug

Every day
nur Bock und Rè,
kaum mal ein Grand,
nie Farbe lang
nicht mal ein Bube
in meiner Stube!
Liegt wohl am Mischen.
Werd' mich verzischen.

## Noch ein Versuch

Wär' Deine Liebe nicht
am Horizont das Licht,
das in dem Maß verschwindet,
in dem man sich hin schindet,
wär' alles Streben wohl entschwunden,
an dem Tag, da wir uns gefunden.

Kann sein, wie sich's so schickt und findet,
daß das am Ende uns verbindet...


## Nanu nana

Was ein herzhafter Pforz schafft, das schafft
bei mir kein Prüfungsergebnis: Erleichterung!


## Nasenbohren ist auch ein Hobby

Wer andern in der Nase bohrt, ist selbst ein Schwein.


## Bleistiftzeichnung

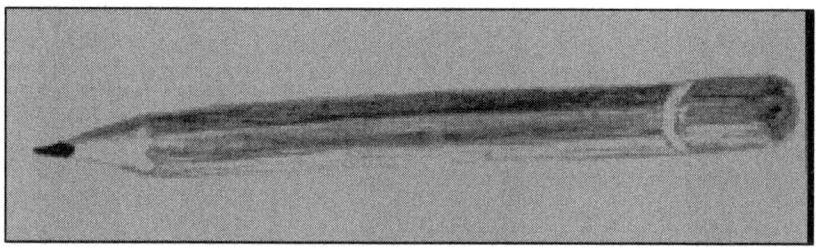

Bleistiftzeichnung, 1996, Gemälde von T.Stys d.Ä.,
Technik: Graphit auf Papier, Leihgabe

## Vergleich

Auf dem linken Bein hinken geht ja ganz gut, aber:
Man sollte das mal mit dem linken Auge versuchen.


## Was alles so passiert!

Gesetzt den Fall, es wäre,
so wie es sei(e)n müßt,
oh Leute bitte glaubt mir,
ich wär noch ungeküßt.

Ich ging an einem Zaun entlang,
so trällernd vor mich her,
da war mir so, mir wurde bang,
als ob ein Loch drin wär.

Die Neugier trieb mich da hinein.
Oh, hätt' ich's nur gewußt!
Für immer war gefangen ich
im Garten holder Lust.

Niemals frei mehr möcht ich sein
von holder Liebe Gaben.
Nur eins bereitet mir noch Pein,
man müßt ein Mädchen haben!

Ein Mädchen, das so fein wie Du,
das zart den Engeln gleicht.
Doch eben eins, das öfter mir
den Mund zum Küssen reicht.


## Musiker

Viele Musiker kennen heutzutage nur wenige Noten: -
Hunderter, Zweihunderter, Fünfhunderter, Tausender ...

## Noch ein Sprichwort

Es gibt, seit sie frei sind, die Pillen,
viel mehr Gesten des echt guten Willen.

## Neues zum Energieerhaltungssatz

Geleistete gute Arbeit wird in eine wesentlich größere Menge
Energie umgesetzt, als es der Satz von der Erhaltung der
Energie uns glauben machen will. Bei mir jedenfalls. Das spüre
ich nach jeder Nacht mit Dir.

## Des Rätsels Lösung

Was haben 3 tage alte Rastalocken und städtische Amtsinhaber
insbesondere in den Bauämtern gemeinsam?
Lösung: Sie sind verfilzt bis über beide Ohren.

## Wer ist Irma? Version I

„Irma" ist aus alten Zeiten
ein herrlich Weib. Kann sie gut leiden.
Und außerdem, ganz ohne Schleim,
auf „Firma" doch ein netter Reim.

## Wer ist Irma? Version II

Frau Irma ist ein herrlich Weib,
gepflegt und schlank, so ist ihr Leib.
Wär' meine Wirtin sie gewesen,
gäb's Verse hier von ihr zu lesen.

Zusatz:
Wer aber ist dieser ominöse Dieter?

# Das Aus der Kritik

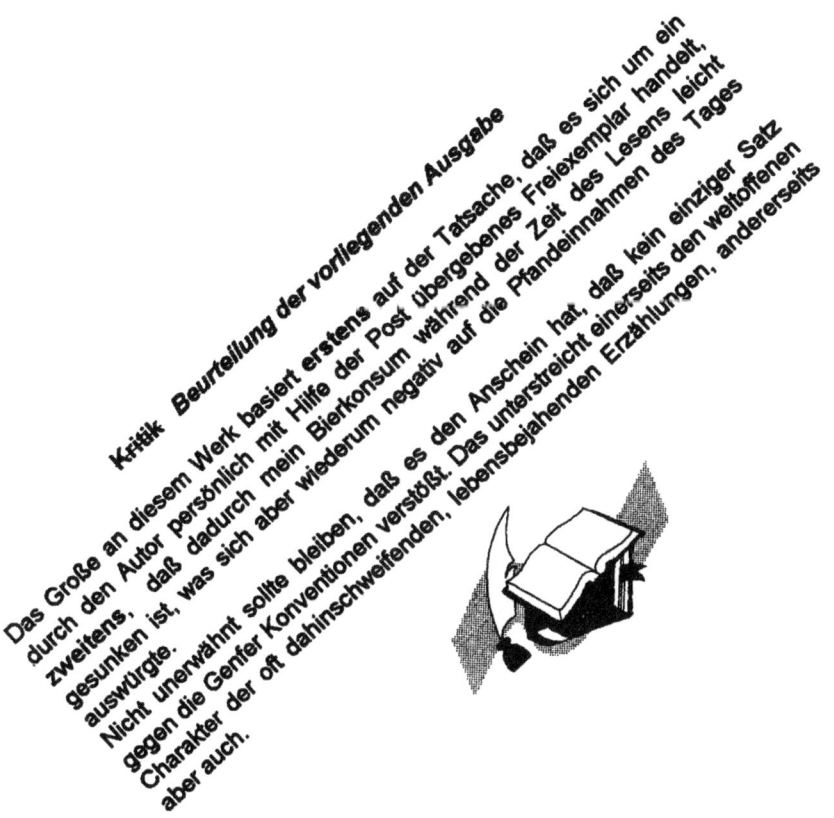

**Kritik** Beurteilung der vorliegenden Ausgabe

Das Große an diesem Werk basiert erstens auf der Tatsache, daß es sich um ein durch den Autor persönlich mit Hilfe der Post übergebenes Freiexemplar handelt, zweitens, daß dadurch mein Bierkonsum während der Zeit des Lesens leicht gesunken ist, was sich aber wiederum negativ auf die Pfandeinnahmen des Tages auswürgte. Nicht unerwähnt sollte bleiben, daß es den Anschein hat, daß kein einziger Satz gegen die Genfer Konventionen verstößt. Das unterstreicht einerseits den weltoffenen Charakter der oft dahinschweifenden, lebensbejahenden Erzählungen, andererseits aber auch.

## Dichtung und Wahrheit

Von einem Klempner, fand ich zu lesen:
"Ich bin drei Stunden bei Ihnen gewesen.

Auftragsgemäß tausch von Ventil-Innereien,
wie Dichtung und Kegel, und das gleich bei dreien.
Ich stell' das in Rechnung hier, heute und nun,
Bitt' ich um Zahlung. Es war sehr viel zu tun."

Vierhundertfünfzig echt Deutsche Mark
stand auf der Rechnung. Das fand ich stark.
Denn schon nach ganzen drei Viertelstunden
verlies der Klempner mich, seinen Kunden.

Einhundertfünfzig Mark pro Viertelstunde:
Im Rotlichtbezirk Preis einer Zunge pro Kunde.
Hat sich des Handwerk hier prostituiert?
Wieso diese Preise, so ganz ungeniert?

Er führe, sagt er noch, direkt hin zum Meister.
Ich wette darauf: Auch den Alten bescheisst er.
Die Freizeit, billig, denk ich, rausgeschunden
wird stehenden Fusses im Club überwunden.

Mit Vorurteilen aber nun niemals zu eilig.
Handwerkers Rechnung, stets sei sie Dir heilig.
Es gilt *dem* die Regel: Es sind Viertelstunden,
wenn erstmal begonnen, direkt aufzurunden.

Handwerkers Rechung den Regeln entspricht.
vielleicht vor Gericht nicht so ganz wasserdicht.
So wie die Ventile, die immer noch lecken,
doch wenn keiner klagt, muß sich der nicht verstecken.

So nah liegen oftmals Dichtung und Wahrheit.
Handwerkers Rechnung bringt am Ende die Klarheit.

Zusatz:
Ganz anders als oben im Beispiel beschrieben
sind Dichtung und Wahrheit auf der Strecke geblieben.
Hörst Du genauer auf Politikers Wort:
Sind alles Versprecher, nur Dein Geld ist fort.

Politik hat erfolgreich sich längst prostituiert:
weil sie außer nach Geld auch nach grösserer Macht giert.
Verhält sich als Hure, und lässt jeden mal ran,
kriminell wird sie auch schon. Einziges, was sie kann.

Handwerker sind nett, doch bei diesen Preisen,
muß man sie manchmal des Hause verweisen
und eben bei Rohrbruch für länger verreisen.

Richtigstellung:

Die letzte Zeile der 1. Strophe des Zusatzes hätte eigentlich -
richtig gestellt - lauten müssen:

"Sind alles Verbrecher, denn Dein Geld ist fort. "

Doch bis zur Formulierung der tatsächlichen Richtigstellung
warten wir das Gerichtsurteil des Wählers ab.


## Plumbers Modern Talking

klemptner gekommen,
ventil abgedichtet,
rechnung geschrieben,
drei stunden gesichtet,
drüber gemeckert,
antwort bekommen:
"geklotzt nicht gekleckert,
alles gewechselt,
dichtung wie kegel,
außerdem merk dir
es lautet die regel
3 viertelstunden
geschafft, wie bescheuert,
auftragsgemäß
ventile erneuert,
begonnene Stunden,
sind aufzurunden."

## Demokratieverständnis

Das in einer länger währenden Pseudodemokratie, wie der Deutschen, Politiker in Ministerämtern unnötig sind, beweist mit jeder Legislaturperiode der Bundesverteidigungsminister erneut.

Zusatz: Und die anderen auch...

## Demokratie ist...

Demokratie ist, wenn sich die Masse jeden einzelnen schlechten Politiker kaufen kann.

Pseudodemokratie ist, wenn sich der Einzelne, sofern er genügend Geld hat, die Masse der Politiker kaufen kann.

Diktatur ist, wenn ein schlechter Politiker die Massen an Einzelne verkaufen kann, die genügend Geld hätten, die Massen zu kaufen, es aber dafür nicht ausgeben wollen.

Will sagen:
Der Steuerzahler verkauft sich selbst für dumm.

## Charakteristisch

Nicht die Politik macht einen schlechten Charakter, sondern schlechte Charaktere machen Politik.

## Religion an sich

Alle Religionen sind auf Mißerfolg gegründet und leben davon, daß der Mensch schlecht ist.

## Nochmal zu den Großbriten

Sie sind schon ein komisches Volk.
Fragt man Sie: "Where is Harry?",
sagen Sie Dir, wo er ist.
Fragt man Sie: "Who is Harry?",
sagen Sie Dir, wer er ist.
So verwirren die mit Ihrer von
BSE gezeichneten Sprache den Rest der Welt.

Zusatz:
Kein Wunder, bei der Königsfamilie ...


## Bäuerliches Drama

Ein Huhn lag tot im kalten Wald.
Es trank vor Stunden Hannen-Alt.
Den Waldweg gackernd querend mit Geflatter,
ereilt's der Tod - der stille Gevatter -
in Form des Bauern Rad am Trecker.
Der läßt sich's schmecken. Huhn ist lecker.

Er trinkt zum Braten reichlich Hannen-Alt.
Man fand ihn später, kalt im toten Wald.
Des Treckers Rad, es war auch hier Vollstrecker.
Nie wieder schmeckt's dem kalten Bauern lecker.
Ein Opfer mehr, dem Sensenmann geweiht,
unter die Räder gekommen, weit vor der Zeit.

Moral:
Laß't ab vom Bier ob Huhn, ob Bauer,
liegt eines Treckers Rad auf Lauer.

## EU-Kommissionarisierung

Es werden noch in vielen Jahren
die, die die Macht zu haben glauben
zunächst, Dir streuben sich die Haare,
das Geld Dir aus der Tasche rauben.

Es ist nicht Zeitgeist, nicht Moderne,
daß viele sich ins Fäustchen lachen.
Es ist, ich sage es nicht gerne,
die Dummheit derer, die es möglich machen.

Politiker (die nicht gebrauchten!),
versetzte man schon bald nach Brüssel.
Und Schwein gehabt, die Abgetauchten,
fraßen nun mit aus gold'ner Schüssel.

Die Nase voll von Neu-Europa
hat bald der Bürger, blieb zu hoffen,
doch für Beschiß, s'zeigt letzte Wahl,
ist er noch immer viel zu offen.

So werden noch in vielen Jahren
die, die die Macht zu haben glauben
zunächst, Dir streuben sich die Haare,
das Geld Dir aus der Tasche rauben.

Erforderlich ist schon, daß mit Kritik
die Bürger in Europas Grenzen
sich wehren, gegen jene Art der Politik.
Sonst siegt Korruption. Und in Tendenzen
... hat sie es schon...

Zusatz:
Wo liegt eigentlich "Tendenzen"? Bruessel? EU-Kommisson?
Ist das ein Staat für sich? Machen die jetzt ihren eigenen
Kommunismus, als politische Kommissare, so wie früher...
1921 in Russland ?

## Der Hang zum Regieren

Es gibt für Dich in höherem Alter
Zufriedenheit nicht, Du warst der Gestalter.
Du spürst, daß es Zeit ist, in sich'ren Gewässern
Rente und Standard des Lebens zu bessern.

Deine Genossen von einst raten es Dir:
Geh' endlich nach Brüssel, was will'st Du noch hier?
Nimm'st einem sonst unwählbaren Kandidaten
ein Mandat, geh' für Geld, aber geh', wurde geraten...

Geh, tatumzusetzend gestaltendes Wollen
Politikers Weg, wenn auch viele Dir grollen.
Versuchst durch Regieren,
den Rest, der noch möglich
gestaltend zu formen.
Doch hier scheiterst Du kläglich.

Dein Widerpart ist klein, Mann und deutsch
und üblicherweise nie wirklich regierbar.
Brauchst Du Stammtischparolen,
find'st Du ihn an der Bierbar.

Käm' Dein Wollen und Tun,
auch aus Seele und Herz
ist Dir Dein Volk nicht mehr Wert
als ein trockener Pferz.

Du wirst hier nichts mehr bewegen,
nichts zum bess'ren mehr Wenden
nur die eignen Bezüge, die steigen
weit, weit mehr als die Renten.

Hast Du das verstanden,
weil Deine Kasse nie leer,
dann hast Du's geschafft.
Werde nun Pensionär.

Noch viel schneller als Du
versteht heute die Jugend,
die Genialität Deiner Machtgier
als die einzige Tugend.

Und jene Spirale von Geld-
und von Machtgier
Läßt ahnen was kommt:
Schon sehr bald wird es Nacht hier.

Hängend am Tropfe wirtschaftlicher Zwänge
wechselst Du, dumm auch, ins falsche Lager.
Der Posten war neu,
und versprochen dem Schwager.

Das soll vor Gericht nun, doch hab keine
Bange man, es ist doch hier jeder
nur auf's Geld scharf . Solange dann.

Zusatz:
Das Geld für Europa
fließt direkt aus der Steuer,
und egal, wer immer auch zahlt,
wer nicht's hat, dem wird's teuer.

Einhundertzwölf Milliarden verteilt man,
Sind's von jedem 10 Mark?
Einer holt sich Millionen
und ein andrer 'nen Sarg.

Die Wahrheit des Lebens,
die vielleicht heist: "Es hat Sinn...",
von Lügen unterdessen
hinterrücks aufgefressen.
Und für immer dahin...

## Du und Ich, Wir beide

Ich? Schizophren? Glaubst Du das?
Na gut, dann rede ich nicht mehr mit Dir.


## Weiber-Gespür

Frauen haben ein unglaublich gutes Gespür
für Spaß, den sie Männern verderben können.


## Der Großkotz

Lieber in Verschwendung versinken
als in der Versenkung verschwinden...


## Nachhilfe

Manchen muß man erst ins Unglück stürzen,
um ihm dann aus der Patsche helfen zu können.


## Ein einträglicher Tip

Man kann als Mann alles Mögliche
in eine Frau stecken, nur eines sollte
man nie: Geld und Zeit.
Das hat sich noch nie gelohnt.

## Über den Wolken

Über den Wolken
wird mal irgendwann
garnichts mehr sein,
kein Ozon
und Deine Sorgen, sagt man,
bleiben nicht mehr verborgen,
und dann, hast den Hautkrebs
nicht nur Du ganz allein.
Soviel Freiheit muß sein.

Und der trockne Asphalt glänzt
in erbarmungsloser Sonne
Ein verwirrter Alter rollt
eine stark verstrahlte Tonne.

Mit Urangranaten führ'n
Militärstrategen Kriege.
Mensch, und ich bin einfach froh,
weil ich hier im Schatten liege.

Unter den Wolken
wird mal irgendwann
garnichts mehr sein,
ein Atompilz
und die Sorgen, sagt man,
bleiben für immer verborgen,
und dann, hast den Hautkrebs
nicht nur Du ganz allein.
Soviel Freiheit muß sein.

Auch der letzte Baum verdorrt
in erbarmungsloser Sonne.
Ein verirrter Vogel rollt
von dioxinverseuchter Tonne.

Mit Urangranaten führ'n
keine Militär's mehr Kriege.
hatten Krebs, genau wie Du,
nirgends steht 'ne Babywiege.

Unter den Wolken
wird mal irgendwann
garnichts mehr sein,
saurer Regen
und die Sorgen, sagt man,
bleiben für immer verborgen,
und dann, hast den Hautkrebs
nicht nur Du ganz allein.
 Soviel Freiheit muß sein.

Und der Grüne lacht Dich aus,
hat sein Ideal verloren,
und das schnell verdiente Geld
quillt bereits aus seine Ohren.
Mit seinem Ökomüllkonzept
belog er Dich, wie Deinen Nachbar,
vergessen hat er seine Pflicht,
sobald er an der Macht war.

Unter den Wolken,
wird mal irgendwann
garnichts mehr sein,
und des Gold
in Banktresoren
bliebe für immer verborgen,
doch dann,
hast den Hautkrebs
nicht nur Du ganz allein,
soviel Freiheit muß sein.

In der Hitze Tzschernobyl's
schmilzt Graphit, es steht in Flammen
drei Soldaten kratzen es
mit zwei Schaufeln zusammen.

Gammastrahlen fressen sich
in ihr Knochenmark am Morgen.
Gorbatschow erklärt ganz frisch:
Macht Euch darum keine Sorgen.
Der Reaktor frißt sich still
durch den Sarkopharg nach unten
offenbar ist er wie der,
mit der Unterwelt verbunden.

Unter den Wolken,
wird von denen bald
keiner mehr sein.
Ihre Jugend verloren
darum, bleibt es ihnen verborgen,
warum, Kernkraft nicht
allein von Nutzen kann sein,
soviel Freiheit muß sein.

Unter Idioten
muß die Dummheit
wohl grenzenlos sein.
Alle Ängste, alle Sorgen
sagt man,
blieben Idioten verborgen
und dann
werden die Dir klein
und schmächtig erschein'
plötzlich mächtig gemein.

Zusatz:
Für die eingesparten Zwischenreime
bitte ich um Entschuldigung. Sie hätten
an den Tatsachen nichts geändert.

**Politikers Lügen**

(Gewidmet Dir und den Politkern)

Die Erkenntnis der Wahrheit kann
unermeßlichen Schmerz für den Augenblick
bedeuten, doch ist ein Leben voller Lügen
weit schmerzlicher auf Dauer.

**Alzheimer?**

Kannst'e vergessen!

**Auch nur ein Witz**

Schröder wurde bei seinem USA-Besuch 1998 ganze
sechzig Minuten vom amerikanischen Präsidenten Clinton
empfangen. Damit hat ihm in der Summe der Präsident in
etwa das gleiche Interesse entgegen gebracht, wie der
Praktikantin Lewinsky, nur wurde die, wie aus einschlägigen
Berichten hervorgeht, etwa sechzig mal für je eine Minute
empfangen.

Zusatz:
Was könnte wohl für jeden der Beteiligten befriedigender
gewesen sein?

## Religiöser Grundsatzstreit

Was streiten sich selbsternannte Vertreter „einzig wahrer" Religionen um das Hab und Gut, das Wohl und Wehe ihrer Gläubigen mit anderen Religionen nacheifernden Glaubensrichtungen, um den Beweis der Wahrhaftigkeit, Absolutheit und Einzigartigkeit der vertretenen Religion zu erbringen, wo doch die einzig zum Überleben dieser „Vertreter" geeignete Religion diejenige wäre, die das Überleben ihrer Gläubigen garantiert, egal ob es der Glaube an die Religion des großen Geldes oder der an irgendeinen anderen Gott ist.

## Alles wird gut

Wer das Böse in sich selbst erkennt und es als Gutes im anderen nicht missen will, der hat die Torheit dieser Welt verinnerlicht.

## Aus der Sicht des Laubenpiepers

Manchmal sind die Rosinen im Kopf größer als der Wille, die zu deren gedeihen notwendigen Weintrauben vor dem Wespen- und Schmeißfliegenfraß zu bewahren.

Merke 1:
Manches muß erst ausreifen, ehe es für den beabsichtigten Zweck verwendbar ist.

Merke 2:
Schütze die großen Rosinen in Deinem Kopf sehr frühzeitig vor Schmeißfliegen.

## Eine treffliche wissenschaftliche Analyse

(Für die jüngeren Leser zwischen 5 und 13)

Wenn man sich manchmal so umschaut, was und vor allem wer durch die Gegend kreucht und fleucht fragt man sich Wieso. Wieso wird hier die Evolution mit den Füßen getreten. Echt ey. Du sitzt in der U- oder S-Bahn und siehst voll so ein fettes Monster ungefähr fast ein cm dicker als du. Ich meine die Evolution hat bestimmt nicht gewollt, eine Spezie, Rasse oder Art zu entwickeln, die durch Fettleibigkeit kaum noch irgendwelche Bewegungen machen kann, weil der Organismus das nicht mitmacht.

Ok die Menschen haben's schwer, ich meine ja nur, wenn sie schlafen müssen sie aufpassen das Sie nicht unter Ihren Eigengewicht erdrückt werden, wie gestrandete Wale, ebenfalls muß der Körper viel Gewicht schleppen und bei jeder Bewegung wird es immer mehr, was ganz schnell zu Schrumpfknochen führt, wenn man schon als Kind so FETT is(ß)t.

Außerdem speichern Körper mit großen Volumen viel mehr thermische Energie, daß heißt im Winter, wenn die U- oder S-Bahn rammelvoll sind, schwitzen sie die ganze Bahn voll und der transpirelle Lockstoff wird für die meisten anderen Mitfahrer, jedenfalls für die gleichgeschlechtliche Art sehr unangenehm.

Diese Menschen haben natürlich auch ihre Vorteile, z.B geben sie im Winter ihre Wärme nach draußen ab und so ist es, wie ein Leuchtfeuer im kalten dunklen Weltraum, außerdem spenden diese Leute im Sommer Schatten.

Dicke Menschen haben auch eine sehr große Anziehungskraft zum einen physikalisch bedingt, da große Körper mit einer großen Dichte eine größere

Anziehungskraft haben als kleine oder nicht ganz so dichte Körper, was jetzt nicht heißen soll, daß alle die dicke Menschen mögen, nicht ganz dicht sind.

Zurück zum Thema: Dicke sind oft viel sympathischer und lustiger, ja fast fröhlicher als dünne Menschen, obwohl ich denke, daß schlanke Menschen in mancher Beziehung (in einer von vielen) mehr Spaß haben.

Da sympathische Menschen fröhlicher sind und damit meist dick, muß der Weihnachtsmann ein dicker Mensch sein oder würdest du lieber einen unfreundlichen dünnen Rute auspackenden Weihnachtsmann haben, als einen der Dir jedes Jahr ein Mittelgroßes Legoset von ca. 1 kg schenken würde. Daraufhin stellt sich natürlich die Frage: Gibt es den Weihnachtsmann?

Liebe Kinder und Erwachsene, die noch an den Weihnachtsmann glauben, wir steigen in dieses brisante Thema rein physikalisch ein. Das heißt, daß wir davon ausgehen, daß es nur einen Weihnachtsmann gibt und daß die Phantasie gleich wegrationalisiert wird. Demzufolge ist es doch noch möglich auf den Weihnachtsmann zu hoffen. Allerdings wird bei der folgenden Analyse der physikalische Tunneleffekts vernachlässigt, ebenso wie Wunder der Natur.

Keine bekannte Gattung Rentier kann fliegen. Aber es gibt 300000 Spezies von lebenden Organismen, die noch klassifiziert werden müssen, und obwohl es sich dabei hauptsächlich um Insekten und Bakterien handelt, schließt dies nicht mit Sicherheit fliegende Rentiere aus , die nur der Weihnachtsmann bisher gesehen hat.

Es gibt 2 Milliarden Kinder (Menschen unter 18) auf der Welt. Aber da der Weihnachtsmann (scheinbar) keine Moslems, Hindu, Juden und Buddhisten beliefert, reduziert sich seine Arbeit auf ca. 15% der Gesamtzahl - 378 Mio. Kinder (laut Volkszählungsbüro).

Bei einer durchschnittlichen Kinderzahl von 3,5 pro Haushalt ergibt das 91,8 Mio. Häuser. Wir nehmen an, daß in jedem Haus mindestens ein braves Kind lebt. Der Weihnachtsmann hat einen 31-Std-Weihnachtstag, bedingt durch die verschiedenen Zeitzonen, wenn er von Osten nach Westen reist (was logisch erscheint).

Damit ergeben sich 822,6 Besuche pro Sekunde. Somit hat er für jeden christlichen Haushalt mit braven Kindern 1/1000 Sekunde Zeit für seine Arbeit: Schlitten parken inclusive Parkplatzsuche, Parken, aus den Schlitten springen, den Schornstein hinunterklettern, Socken füllen, restliche Weihnachtsessen vertilgen, Geschenke unterm Weihnachtsbaum legen, Schornstein wieder raufklettern und zum nächsten Haus fliegen.

Angenommen, daß jeder dieser 91,8 Mio. Stopps gleichmäßig auf die ganze Erde verteilt ist (was natürlich, wie wir wissen, nicht stimmt, aber als Berechnungsgrundlage akzeptabel ist), erhalten wir nunmehr 1,3 km Entfernung von Haushalt zu Haushalt., eine Gesamtentfernung von 120,8 Mio. km, nicht mitgerechnet die Unterbrechungen für das, was jeder von uns mindestens einmal in 31 Std. tun muß, plus Essen usw. Das bedeutet, daß der Schlitten des Weihnachtsmannes mit 1040 km/s fliegt, also der 3000fachen Schallgeschwindigkeit. Zum Vergleich: Das schnellste vom Menschen gebaute Fahrzeug, die Ulysses Space Probe, fliegt mit lächerlichen 43,8 km/s. Ein gewöhnliches Rentier schafft höchsten 0,0066 km/s. Ein Rentier evtl. noch 4 Km/h, wenn er seine Rente in der Stammkneipe verschütten geht.

Die Ladung des Schlittens führt zu einem weiteren interessanten Effekt. Angenommen jedes Kind bekommt nicht mehr als ein mittelgroßes Legoset (ca. 1 kg), dann hat der Schlitten ein Gewicht von 378000 t geladen, nicht mitgerechnet den Weihnachtsmann, der übereinstimmend als übergewichtig beschrieben wird. Ein gewöhnliches Rentier kann nicht mehr als 175 kg ziehen. Selbst bei der Annahme, daß ein fliegendes Rentier (siehe oben) das 10fache des normalen Gewichts ziehen könnte, bedürfte es nicht acht oder neun Rentiere, sondern etwas 216.000. Das entspräche der Gesamtweltpopulations dieser Spezies. Das Gewicht des Weinachtsmann-Packages, den Schlitten nicht mit eingerechnet - erhöht sich durch die Tiere auf 410.400 t.

Zum Vergleich: Das ist mehr als das vierfache der Queen Elizabeth (wobei ich hier das Schiff meine).

410.200 t bei einer Geschwindigkeit von 1040 km/s gezogen, erzeugen einen ungeheuren Luftwiderstand, dadurch werden die Rentiere aufgeheizt, genauso wie ein Raumschiff, das wieder in die Erdatmosphäre eintritt.

Das vorderste Paar Rentier muß dadurch 16,6 Trillionen Joule Energie absorbieren. Pro Sekunde. Jedes. Anders ausgedrückt: Sie werden praktisch augenblicklich in Flammen aufgehen. Das nächste Paar Rentiere wird dem Luftwiderstand preisgegeben, und es wird einen ohrenbetäubenden Knall geben. Das gesamte Team von Rentieren wird in einer 5000stel Sekunde vaporisiert.

Der Weihnachtsmann wäre unterdessen einer 17500fachen Erdbeschleunigung ausgesetzt. Ein, mal angenommen, 120 kg schwerer Weihnachtsmann (was der Beschreibung nach lächerlich wenig ist) würde an das Ende seines Schlittens genagelt, mit einer Kraft von 20,6 Mio. Newton.

Das heißt, wenn es je einen Weihnachtsmann gab, der die Geschenke brachte, so ist er heute sicher tot. Vielleicht lebt er aber doch noch. Für den Fall, dass er feuerfeste Rentiere hat und einen Schlitten, der die 17500fache Erdbeschleunigung um ihn herumleitet, also so etwa wie ein Antigravitations-Akzeptator.

Andererseits: Die 16,6 Trillionen Joule, die jedes Rentier absorbiert, könnten als Beschleunigungsenergie benutzt werden, wodurch er schneller als 1040 km/s wäre und damit sich zum einen der Raum verkürzen und die Zeit verlängern würde, wodurch er nicht 31 Std., sondern vielleicht 50 Std. zur Verfügung hätte.

Vielleicht sind die Rentiere auch so genmanipuliert, daß es unmöglich ist, diese zu vaporisieren. Oder so ähnlich.

**Abspann**

Auch schlechte Gedichte schreiben
kann zum full time job werden.

**Mal so gesehen**

# Und mal so gesehen

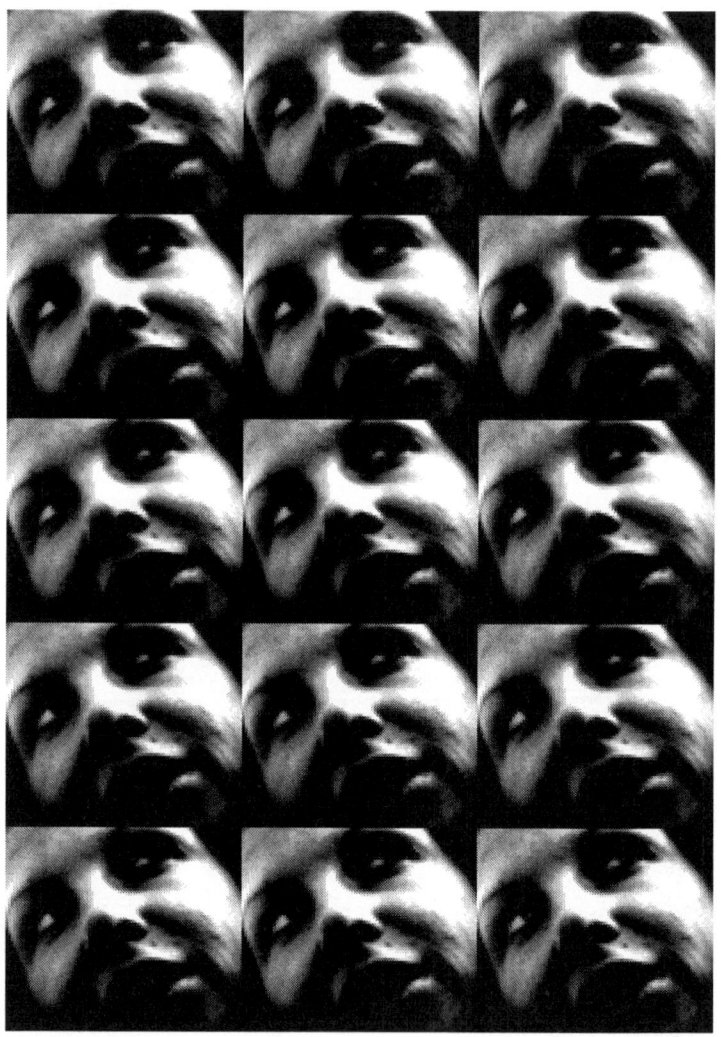

# Inhaltsverzeichnis

Statt Blumen.

**Thomas Stys**

**Mein
Leben
im Fettnapf**

aus der Reihe
Aphorismen, Afforeien
Blöde Lieder, Blöde Laien
Band II

thomaralex, 2000

In dieser Reihe ist auch erschienen:

Thomas Stys

# Die
# vergessene
# Mission

Der nicht ganz abgeschlossene Science Friction
Roman aus der Reihe Aphorismen, Afforeien,
Blöde Lieder, Blöde Laien. Band III

thomaralex, 2000

Wir freuen uns auf Ihre Bestellung.